本书为湖南省教育厅科学研究重点项目：赞助（遮挡）控研究（项目编号：20A113）研究成果。

基于英汉语言文化对比的翻译研究

曾宇钧　著

中国原子能出版社

图书在版编目（CIP）数据

基于英汉语言文化对比的翻译研究 / 曾宇钧著．--
北京：中国原子能出版社，2021.9
ISBN 978-7-5221-1604-4

Ⅰ．①基… Ⅱ．①曾… Ⅲ．①对比语言学一英语、汉
语②英语一翻译一研究 Ⅳ．① H31 ② H1

中国版本图书馆 CIP 数据核字（2021）第 195645 号

基于英汉语言文化对比的翻译研究

出版发行	中国原子能出版社（北京市海淀区阜成路 43 号　100048）
策划编辑	杨晓宇
责任印刷	赵　明
装帧设计	王　斌
印　　刷	天津和萱印刷有限公司
经　　销	全国新华书店
开　　本	787mm×1092mm　　　1/16
印　　张	11.625
字　　数	221 千字
版　　次	2022 年 1 月第 1 版
印　　次	2022 年 1 月第 1 次印刷
标准书号	ISBN 978-7-5221-1604-4　　　　定　价 68.00 元

网　址：http//www.aep.com.cn　　　E-mail: atomep123@126.com
发行电话：010-68452845　　　　　　版权所有　翻印必究

作者简介

曾宇钧，女，1974年2月出生，湖南省娄底人，毕业于湖南师范大学外国语学院，硕士，现任湖南工程学院副教授，研究方向：翻译和英语教学。主持在研湖南省教育厅重点课题1项，湖南省教改课题1项；省创新创业教育基地1项、教育部协同育人项目1项，参与社科基金课题2项。主编英语专业教材1部，国内外期刊上发表学术论文十余篇。

前　言

　　语言与文化有着相互依存、相互融合的关系，英汉语言文化翻译中要时刻注意这两种语言的深刻文化背景，把握英汉语言和英汉文化之间的对比，认真分析其内在的文化因素，对比英汉语言在特定文化背景下的特定意义，才能准确地达到两种语言之间的跨文化交流，也才能在忠实地表达原语的基础上，尽可能保持英汉语言的效果及其民族、地方特色，结合恰当的译法准确流畅地进行翻译。

　　全书共三章。第一章为绪论，主要阐述语言与文化的关系，翻译与语言文化的关系，影响翻译的文化因素等内容；第二章为英汉语言对比及其翻译，主要阐述语音对比及翻译，词汇对比及翻译，句法对比及翻译，篇章对比及翻译，修辞对比及翻译等内容；第三章为英汉文化对比及其翻译，主要阐述英汉文化差异性分析，英汉社会文化对比及翻译，英汉自然文化对比及翻译，英汉地域文化对比及翻译等内容。

　　为了确保研究内容的丰富性和多样性，在写作过程中参考了大量理论与研究文献，在此向涉及的专家学者们表示衷心的感谢。

　　最后，限于作者水平有不足，加之时间仓促，本书难免存在一些疏漏，在此，恳请同行专家和读者朋友批评指正！

作　者

2021 年 1 月

目　录

第一章　绪论·· 1

    第一节　语言与文化的关系 ······································ 1

    第二节　翻译与语言文化的关系 ·································· 9

    第三节　影响翻译的文化因素 ···································· 15

第二章　英汉语言对比及其翻译·································19

    第一节　语音对比及翻译 ·· 19

    第二节　词汇对比及翻译 ·· 30

    第三节　句法对比及翻译 ·· 33

    第四节　篇章对比及翻译 ·· 51

    第五节　修辞对比及翻译 ·· 66

第三章　英汉文化对比及其翻译·································85

    第一节　英汉文化差异性分析 ···································· 85

    第二节　英汉社会文化对比及翻译 ······························ 97

    第三节　英汉自然文化对比及翻译 ······························ 138

    第四节　英汉地域文化对比及翻译 ······························ 158

参考文献·· 179

第一章 绪论

文化是一个国家与地区不同于其他地区的鲜明印记，文化的不同也反映在语言、价值观、思维习惯等方面。基于此，人们在语言表达与语言翻译上也随之产生了较大不同。本章分为语言与文化的关系，翻译与语言文化的关系，影响翻译的文化因素三个部分。主要包括：语言与文化概述，语言之于文化，文化之于语言，翻译与语言的关系，翻译与文化的关系以及翻译、语言、文化的关系，影响翻译的语言结构、宗教文化、思维方式、社会文化等因素等内容。

第一节 语言与文化的关系

一、语言与文化概述

（一）语言概述

1. 语言的定义

基于对语言和语言学的研究，中外语言学家对于语言的定义也有不同的理解，以下是国内外具有权威和代表性的关于语言的定义。

①对语言研究作出贡献的索绪尔把语言定义为一种表达观念的符号系统（Language is a system of signs that express ideas……）[①]。

②语言是说本族语的人理解和构成合乎语法句子的先天能力，是在某一时期内说出的实际话语。

③威廉 A. 哈维兰等著的《文化人类学：人类的挑战》指出："语言（language）是一个根据一系列特定规则用声音和／或手势交流的系统，它产生了对于所有

[①] 杨德爱. 语言与文化 [M]. 昆明：云南大学出版社，2020.

使用它的人来说都可以理解的意义。"

④我国语言学家对于语言的定义，也有不同的见解：是人类思维和交际的重要工具；语言具有抽象音义的实体性和交际的功用性；语言是客观世界与人的主观条件相结合的产物；语言只属于人类特有，能够充当人们相互表达和反应的中介、认知事物的工具和文化信息的载体。

总之，语言是生物同类之间由于沟通需要而制定的具有统一编码解码标准的声音（图像）指令。随着社会的发展和人类意识、思维能力的提高，人们对于语言的认识也越来越客观和全面，概括而言，从语言本身的结构来说，语言是由词汇和语法构成的系统，这个系统中的每个成分即每个语言成分都是由声音和意义两个方面构成的。从语言的功能来讲，语言是人类最重要的交流工具，是一种思维工具。可以说，语言是人类发明的独特工具，具有社会特制以及传承性，因此语言往往被视为特定民族文化的表现形式之一。

2. 语言的属性

（1）本质属性

更确切地说，语言能够反映语言的质量属性、能量属性和表征属性，语言被看作是一种符号系统、交际工具和信息系统，语言的这三种属性就构成了语言的基本属性，三者缺一不可。

（2）基本属性

①传承性。语言的传承性是全民性的传承，具有强制性的特点，是人类代代相传的精神产物，也是人类进行社会交际的工具。

②约定俗成性。语言是在特定的历史地理环境中自然约定的人类创造的成果，是人类集体交际活动中的一种客观存在的交际工具。

③文化性。语言是一种文化现象和文化产物；语言的发送、传播和接收要以文化为背景；语言是运用、巩固和传达文化的手段。

④开放性。语言自身整体上是保持稳定的，开放性只具有相对性，是与稳定性这一特性相比较来说的，语言的开放性是要求语言能够快速、准确地反映社会的发展变化，通过内部创新和外部渗透实现语言的开放。

⑤模糊性。语言的模糊性是思维模糊性的产物，这也是相对于语言的准确性来说的，是与语言的准确性特征相辅相成的相对属性。

3. 语言的主要功能

语言作为人类社会最重要的交际工具，交际功能是其最重要的社会功能。语言作为一种表达观念的符号系统，是信息最重要的载体。因此，语言所发挥的交际功能是最大的。

有人把语言称为"古代文化的活化石"。人类运用语言进行交际，就必须把所创造并共享的一切融入语言当中，再加以口耳相传、口传心授、文字记载等，用语言（含文字）记录、保存并传播、传承。事实上，语言只有记录、承载人类所创造并共享的一切，才能发挥其作为最重要交际工具的作用。

通常，不同民族、族群有不同的语言。语言具有民族性，语言是民族的重要标志之一，语言同时具有认同功能。

（二）文化概述

1. 文化的定义

"文化"一词最早源于拉丁语中的"Culture"，原意指人类在改造外部自然世界使之满足其衣食住行过程中，对自然条件，尤其是土地的改造。文化这一概念，常常被人使用，特别是在今天，几乎随处可见：茶文化、酒文化、饮食文化、建筑文化等等。由此看来，文化几乎涵盖了人们的衣食住行等所有方面。

文化包括三层内容：①人类所创造的物质财富的总合；②人类所创造的精神财富的总和，包括各种与人类生存和社会发展相关的制度和组织机构；③人类历史、知识体系和教化等[①]。

学术界对于文化的定义有不同的理解，有相似之处，也有不同之处，但它们仅仅是"文化"这一词的一部分解释，不同国家、不同民族、不同学者对"文化"的含义有着各种各样的解释，对于文化定义的讨论一直持续至今。事实上，不论是历史、艺术、宗教，还是风俗习惯、政治经济，都是文化领域中的一部分，也是文化研究者的主要研究对象。文化对于人们的现实生活有着重要的影响，它与人类的认知和行为有着直接的联系。文化既指影响个人思考和认知世界的方式，也包括人类生活的方式。文化定义的内涵必须要注意到人类价值观的不同，文化的模式随着时间和社会发展也在不断变化的。

2. 文化的特性

（1）文化的核心是人

文化是人类特有的，是人创造了文化，也只有人才能创造文化。文化如果没有人的创造和改变，便会失去生命、活力和光彩。人在语言和文化中起着至

---

① 贺亚玲. 从通用英语向学术英语转型研究 [M]. 北京：九州出版社，2018.

关重要的作用，在跨文化语言交际中也要着重要的影响。人与文化的关系如图1-1所示。

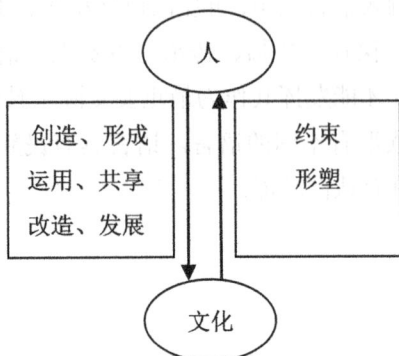

图1-1　人与文化的关系

（2）后天习得

文化是人类通过后天学习而获得的，各民族的人们在特定的地理、历史环境和社会中成长而获得各种不同的文化传统，这种文化经过濡化学习而代代相传。

（3）共享文化

文化通过群体成员在社会中得以传递和共享，所以文化并不是每一个个体自身的属性，文化只有通过共享才能相传，也只有共享文化才能促进文化的不断发展，因此共享的文化是具有巨大影响力的。

（4）象征性

"象征"对文化及人类其他方面的习得都是非常独特而重要的。象征通常是基于符号的，文化中最重要的符号就是语言，即用词语代替具体指代的对象。不使用语言，人们无法让一个不在场的人较为清楚地了解事件、情感及其他经历。当然，除了语言，象征也有非语言形式的符号体系。以象征的方式思考、运用语言并使用工具和其他文化形式，以组织、适应自己的生活并协调周围的环境，这是人类生活的常态，其中，象征的重要性非同一般，人们可将文化视为一种象征体系。

（5）整合性

文化是整合在一起的模式化的系统。如果这一系统的某部分发生了变化（如经济、社会方面），其他部分也会相应发生变化。以前我们有句俗话说"早发财不如早生子"，在民间，特别是农村，女性多会在二十多岁结婚、生子。今天，我们也会在婚礼上祝福新婚夫妇"早生贵子"。但是，晚婚晚育已经变得越来越普遍了，尤其是在大城市。人们对婚姻、家庭的态度和行为的变化与社会发展、经济变迁等是分不开的。因此，文化并非孤立的，而是整合的。

（6）民族性、地域性

不同的民族、族群由于其赖以生存、生活的自然条件的差异以及由于地缘延伸而带来的不同文化共生关系的影响，往往会形成不同的思想价值体系、思维模式和行为方式等。不同民族具有不同的民族文化，不同的民族文化产生不同的民族心理和精神气质。民族个性实际上就是文化个性，民族文化赋予各个民族独特的感情、思想和行为方式。它与其他民族文化存在竞争性，当其他民族文化进入本民族时，就会产生排斥性，也是产生文化冲突的重要原因。

地理环境和自然条件的差异性使各民族历史文化背景各不相同，各民族文化具有不同的特性，不同文化特性之间存在不等值，区域文化又是一个封闭的体系，就会产生排外性，因此不同文化进行交流时就产生了文化干扰。

（7）动态性

文化的形成和发展都不是一成不变的，随着人类社会经济的不断发展，科学技术的不断进步，人们的生活发生了翻天覆地的变化，反应社会经济的文化也随之不断地发生变化，每个历史时期都有各自的文化特征和文化用语，在现如今的信息社会，网络用语和网络新词会不断地创造出来并不断地被运用在人们的日常生活中，我们也被各种各样的新鲜词汇和网络用词刷新我们的思维。

（8）文化的时代性

新旧文化之间的差异是文化干扰又一主要原因。文化时代性决定了文化的时代性，不同历史背景下，由于某些事件或者人物的产生，相应的词汇应运而生，当然，随着历史的变迁，一些词汇会消失在历史的长河里。因此，从翻译角度思考，要想完整地将原文转换为译文，必须把握一定历史背景下的词汇的变迁。

二、语言之于文化

语言与文化是互相影响、互相依存的，语言既是一种有效的沟通工具，又是文化体系重要的组成部分，语言往往可以反映出一个民族的文化现象和思维模式，而文化，不仅与特定的语言相对应，同时更是语言形成和发展的基础。

两者之间的关系可以用"洋葱文化示意图"来理解，如图1-2所示。

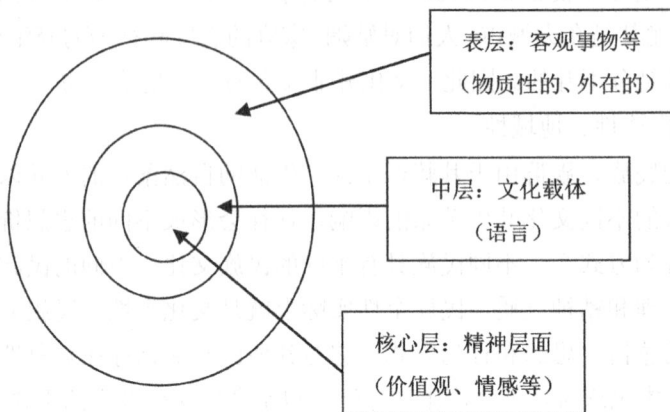

图 1-2　洋葱文化示意图

（一）语言是一种有效的沟通工具

语言学家、哲学家等经过多年的研究和推理，提出了许多有关语言起源的假设，其中影响最为深远的有三种：①拟声说和象声说：即认为语言起源于对模范自然界各种声音和现象的模仿。②契约说：法国哲学家卢梭认为人类为了建立一个平等的社会和沟通便捷，共同约定使用语言作为交流工具[①]。③生物进化说：生物学家和考古学家认为，由于人类的祖先很早就学会了用双脚直立行走，使得人类祖先的视野更加开阔，呼吸更加顺畅，进而带动了大脑和神经系统的进化，并为语言的产生和发展创造了条件。

语言的出现大大便利了人类之间的相互交流，使得信息、情感和思维的交换更加便捷和迅速。语言的出现使得同一种族的人类祖先能够更快地了解彼此的想法和需求，实现思维沟通，进而强化群体凝聚性，运用群体的智慧解决外来威胁和内部矛盾，从而加快了人类社会的发展进程。

（二）语言是文化现象的组成部分

历史语言学家格里姆认为，语言就是历史，语言本身包含着社会内容，一些动物实验证明了动物之间也存在"语言"，但是这种"语言"更多地用于发出危险警报、求偶或者告知同伴哪里有食物。语言中的习语、成语、谚语、诗词等往往与特定民族的历史、社会和文化紧密相连。例如，白居易的"绿蚁新醅酒，红泥小火炉"就用非常平实朴素的语言刻画了唐代朋友之间促膝夜谈的

---

① 何俊芳. 语言人类学教程 [M]. 北京：中央民族大学出版社，2005.

生活场景。三言两语，尽是生动活泼。再比如，我们都很熟悉的英语谚语"Love me, love my dog"反映出对西方国家来说，狗不仅仅是动物本身，更是人们非常喜欢和信任的忠实家庭成员，这与汉语文化中常用的"狼心狗肺""狗眼看人低"等所表达的含义完全不同。另外，语言的语法结构和表达手法也可在一定程度上反映特定民族的思维模式和性格特点。以英语和汉语为例，英语作为低语境语言通俗易懂，直截了当，正如多数西方人热情外向、开门见山的性格特点；汉语作为高语境语言则相对内敛含蓄，秘而不宣，正如多数东方人隐忍慢热、沉稳保守的特质。

童话、神话、民间故事通常都是以语言的形式流传下来的，文学作品更是通过语言来描述的。不论是童话故事，还是古典小说，事实上都包含了丰富的文化知识。人们可以通过它们来了解历史，祖先的生活习俗。而我们今天常用的一些词汇也是出自这些作品。

以"阿喀琉斯之踵"（Achilles' heel）为例，人们今天把它表示为"致命伤、最大弱点"。在汉语中并没有这个成语，但是有许许多多的人都明白"阿喀琉斯之踵"所隐含的意思，因为这些人熟悉它的出处。可见，《伊利亚特》这部作品流传之广，它已经跨越了国界，作品中所包含的文化、历史被人们刻在了脑海之中。在今天，人们频繁使用带有这类典故的词语，在跨文化交际中人们也能明白其中所隐含的文化背景。

通过文学作品、神话故事的语言对于文化的后天传承是极有帮助的。文化具有传承性，虽然它在随着时间的变化而变化，但大量的传统文化、传统思想还是得以保留并由一代人传给下一代人，每一代人的身上都有着传统文化的影子，都会或多或少地受到传统文化的影响。传统文化通过文学作品、特别是古典文学作品中大量的典故、传统文化背景知识以及很多成语、俗语、谚语都流传至今得以传承。

（三）语言对应某种特定文化

不同的语言往往对应和体现特定的文化特征。以中美两国的亲属称谓制为例，中国的亲属称谓制属于苏丹式（Sudanese kin terminology），无论亲疏、辈分，每一位亲属都有特定的称谓。例如，妈妈的兄弟姐妹被称作"舅舅""阿姨"，而爸爸的兄弟姐妹则被称作"伯伯""姑姑"或者"叔叔"。

美国的亲属称谓制属于典型的因纽特式（Eskimo kin terminology），即父母的兄弟姐妹统一用"uncle"和"aunt"称呼，爷爷奶奶和姥爷姥姥全部用"grandpa"和"grandma"来称呼。对于美国人来说，来自父亲一方的亲戚和来自母亲一方的亲戚是一样重要的，因此就无所谓区分出到底是舅舅阿姨还是姑姑伯伯了。

造成中美两国称谓差别显著的根源在于两国历史和社会道德理念的差异。自古以来，中国人长期生活在重视礼教的封建社会，尊卑有序，以家庭宗法为中心，推崇孝悌，讲究长幼有序，不能对长辈直呼其名，否则将被视为没有规矩，不懂礼法。因此，每个人都很注重各自在家庭当中所处的地位和扮演的角色，非常注意自己的行为举止。

相对而言，美国是一个新兴的熔炉国家，资本主义体制长期占据主要的统治地位。大部分美国人更倾向于小单位的家庭环境，也更习惯于直呼亲属名字，子女一旦成年就渴望独立生存，而父母即使年迈也更愿意住在自己的家里。这样一来，他们的联系通常发生在节假日，自然就不需要像我国一样建立庞大复杂的亲属关系了。

丰富和传播其语言是极其重要的措施之一。

（四）语言是文化的载体与写照

由于人的思想是不能直接进行交流沟通的，人们通过说话、写字来表达自己的思想与人沟通，从而进行文化的传播。人们可以通过成语、谚语、俗语或名言警句来学习文化；人们可以通过各种民谣、传说、神话、童话、文学作品来学习文化。在这些方式中，可以看出文化的后天习得与语言密不可分，在文化传播的过程中，语言作为了文化的载体。

三、文化之于语言

（一）文化影响语言的风格

人们经常会遇到这样的情况：在跨文化交际活动中，英语文化的西方人不能接受和理解汉语文化人的推脱委婉，汉语文化的人也难接受西方人的个人主义等价值观，因此人们的思维模式以及说理方式都被文化特点所决定。

中国人讲求"中庸之道"，不轻易说"是或不是，对或不对"，喜欢间接委婉的表达方式，有时甚至为表示礼貌谦虚而说反话。例如，当一个美国人被人称赞他做的菜时，他可能会回答："我很高兴你喜欢。我是特别为你做的。"相比之下，中国人则通常会道歉"招待不周、做得不好"等。再比如人们在交际时所遵循的礼貌原则，尽管礼貌原则是人类所共同遵循的一个言语交际的准则，但对于礼貌的理解和判定各个民族是有差异的。来自不同文化的人思维方式、表达方式是有明显差异的，运用语言来交际的风格也各有特色。透过语言，我们可以认识到文化对语言风格的影响，甚至决定性作用。

（二）文化丰富语言的内容

根据时代的变迁不断补充新的文化背景知识，语言作为文化的载体也是在不断地变化，内容和形式也在不断地丰富。当人们在交际时，使用的通常都是当代的语言，我们的交际对象与我们生活在同一时代，没有人总在使用古代的语言或过时的语言与别人交往。试想，当一个中国人和一个外国人用汉语进行交流时，中国人总是满口"之乎者也"，恐怕对方很难理解，双方的交际也很难成功。即使对方明白了你的意思，也会觉得别扭。

文化是不断发展变化的，语言也在不断变化与丰富。2020 年随着新型冠状病毒肺炎（Corona Virus Disease 2019, COVID-19）的爆发，英语文化圈发明了新的词汇 "covidiot"，这个词是"covid + idiot"组合而来的，也就是肺炎防治猪队友的意思，通常指不按照规定戴口罩，不按照防疫规定居家隔离，囤积各种生活用品等等行为的人。随着文化的不断发展变化，也使得语言在不断发展、不断更新。

第二节 翻译与语言文化的关系

一、翻译与语言的关系

（一）翻译的定义

翻译是一种语言活动，是一种双语转换活动。翻译在语言文字层面上是把一种语言文字转换成另一种语言文字[①]，包括口译及笔译。在具体转换过程中，翻译如何在说者和听者之间使得话语能够被准确理解及表达，这并不单纯是语言转换的问题。要较好地理解、体现语言翻译的背后蕴藏着的语言与思维、认知等诸多深层次的问题。

---

① 张林影，娄琦. 新编英汉笔译教程 [M]. 北京：清华大学出版社，2016.

（二）语言是翻译的中心

在英汉翻译活动中，翻译的对象或是英语原文文本，或是汉语原文文本，不管是哪种文本，作为一篇语言作品都有其主体思想，都会表达出作者的思想感情，并具有符合这种语言的文本结构和表达形式。因此翻译活动中的起点是英汉原文文本，翻译的终点就是英汉译文文本。译者对文本首先要进行分析理解，然后运用翻译理论转移文本信息，根据目的语语法结构进行重组，这也是语言学家奈达所提出的转换翻译理论的翻译过程。

原文文本都承载着特定的民族文化信息，翻译过程中要运用目的语语言进行表层结构的表达。语言在翻译中的作用如图 1-3 所示。

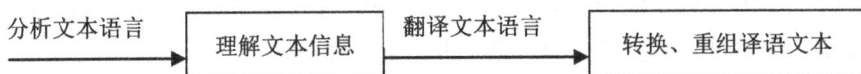

图 1-3　语言在翻译中的作用

从以上分析文本语言再到翻译文本语言，语言始终围绕在翻译活动的过程中，因此可以说语言是翻译活动的中心。

（三）翻译丰富了语言

在语言发展的过程中，除了社会发展的需要，翻译也是另一个重要的促进因素。鲁迅也曾经提出过翻译能够改进和完善汉语文化，通过翻译来切实有效的改进现代汉语的发展，英汉语言的发展中都离不开翻译。

汉语中的词汇发展有好多是通过翻译引进来的外来词汇，英语翻译过来的外来词汇尤其多；英语的语法发展也在潜移默化中影响着汉语的语法，使得汉语句法更加地严密化，汉语语句中的主语和谓语的关系更加明显，语句中的逻辑关系更加地表层化；汉语中的连词和被动语句也更加的英语化。

英语文化中词汇发展通过翻译来的外来词是最多的，英语中的外来词汇来自法语、意大利语、西班牙语等，例如，mosque（清真寺）、government（政府）、judge（法官）、religion（宗教），来自阿拉伯语和法语，意大利语的引入大多用于英语的音乐文化中，没有翻译这个语言工具的连接功能，语言之间的交流几乎是不可能的，民族语言所表达的意义只有通过翻译才能实现其价值。

语言翻译促进了跨文化交流的快速发展，社会的发展促进了语言的形成，跨文化交流中的翻译更加丰富了语言的发展。

二、翻译与文化的关系

在社会文化不断交流发展中，翻译就与其产生了不可分割的、紧密的联系，对于跨文化交流起到了促进作用，翻译工作也应从重视语言向更重视文化的转换，基于此，翻译也常被看作是一种跨文化的交际活动[①]。

翻译过程中对于原作者、原作品、译入语读者来说，译者起着桥梁的作用，译者从原作内容、时代背景、原作作者、原作表达方法等方面出发，对原作进行分析并转换为译文，这其实就是一个创造性的过程。翻译的过程也是一种文化创造的过程，是一种记录文化符号的活动。

原作是源语文化的产物。译者是熟知译入语和源语并受两种文化熏陶的个体或群体。译入语读者是对源语知之甚少或一无所知并受译入语文化熏陶的群体或个人。在翻译过程中，译者具有主体地位，处在原作、译作和译入语读者之间，并在源语文化和译入语文化的作用下，译者不可以简单地直接将源语文化纳入译入语文化中去，译者必须考虑两种文化的差异性，并充分考虑译入语读者的可接受能力和反映，不得不对译作进行相应的改造，以便适应译入语读者的阅读习惯。

我们可以得出，翻译是一种双向文化交流过程，并受源语和译入语两种文化的影响，翻译与文化密不可分。

（一）社会文化制约翻译

翻译不仅和语言有着紧密的联系，同时翻译过程也是两种语言和文化思维活动的过程，因此会受到特定社会历史和文化背景的制约。赫曼斯（Hermans）在《文学的操控》（The Manipulation of Literature）一文中指出：翻译，不是一个次要的或派生的学科，而是更大的社会机构——教育体系、艺术协会、出版公司、甚至政府为了构建他们所期望的"文化"而在特定社会环境下所掌握、操控的基本文学工具之一。安德列·勒菲威尔（Andre Lefevere）认为：翻译行为是特定群体构建的特定社会环境下的特定文化，翻译行为也是不同历史时期的不同文化的一种翻译策略。无论是文化学派还是多元体系学派的翻译理论家们，都从不同的角度，采用不同的方法证明了社会文化对翻译活动的宏观操控和对诵者在具体翻译实践中的微观选择的影响。

[①] 陈东成. 文化差异与翻译 [M]. 长沙：中南大学出版社，2000.

1. 跨文化活动中的翻译

在社会发展过程中的跨文化交流，语言之间的翻译必然会涉及不同的语言文化，翻译的本质也就是不同语言文化之间的沟通和交流，翻译过程中译者也面临文化之间的切换。

【示例】Shall I compare thee to a summer's day？

Thou art more lovely and more temperate;

Rough winds do shake the darling buds of maie,

And summers lease hath all too short a date[①]

我可否将你比作夏日？

你比夏天更可爱温柔；

暴风摇撼五月钟爱的嫩芽，

而夏日太过短暂。

这是莎士比亚写给爱人的一首诗中节选的部分，不同语言文化中的人对于此诗的翻译有不同的见解，对于诗句中"a summer's day"的翻译就是一个典型的语言文化的翻译问题。英国中的夏天是一年中最好的时节，这就像我们中国的春天一样，因此在翻译中西方语言学家们会把它翻译为夏天，而像梁实秋这样的中国文人则会迎合汉语文化而把它翻译为"春天"。

因此在跨文化交流翻译中，一定要重视不同的民族文化，译者不但要准确地转换语言意义，更要追求翻译的文化对等。

2. 文化自身的特点使翻译增加了难度

文化具有普同性和差异性两个特点。普同性是指共性，由于人类的居住环境、生活经验等方面具有相似性，并且随着人类之间相互交流不断加强，人类文化具有很大的共性，文化的共性使人类之间的交流变得可能。然而，文化的差异性即个性却阻碍了人类之间的相互交流，也就成为翻译的一大障碍。生活环境、物质生产、思维方式、风俗习惯、宗教信仰、价值观、社会制度等方面的差异，使各民族文化呈现出各自的特殊性。特殊性使生长在不同文化中的人对同一事物的反映呈不同的图式意象，因此翻译是不可能达到绝对等值的，只能通过各种翻译方法尽量地使翻译接近等值。

所以，在翻译过程中，考虑到译文读者的可接受能力，译者必须对源语文化进行筛选式地过滤，排除文化干扰，对文化进行重新整合，从而对译作进行

---

① 白靖宇 . 文化与翻译 [M]. 北京：中国社会科学出版社，2000.

适当的改造，使源语文化融于译入语文化中，还不失原汁原味，从而尽量使原作中的图式意象完整而正确地出现在读者的脑海中。

（二）翻译对文化的构建

既然翻译是一项跨文化活动，不仅促进语言的转换与交流，而且也构建了不同社会历史时期的文化。我国历史上的翻译活动始于对佛经的翻译，《西游记》中唐僧历经九九八十一难取回来的佛教真经深深地影响了中国文化，佛学、佛教文化也一度成为我国哲学发展的主流，为中国留下了丰富的文化遗产。

中国近代史上的"西学东渐"，西方先进的自然学科渐渐被翻译和引进，改变了中国科技的传统结构，建立了许多学科；尤其是马克思主义在中国的传播，引导了中国人民革命的方向。

翻译中的翻译策略对文化的影响和构建也产生了重要作用，翻译策略中的"异化"和"归化"是两种不同的翻译风格，也产生了不同的文化构建。

"异化"是在保留原文语言和文化基础上的偏离本土主流价值观的翻译，好处在于可以完整保留原语意义，又可以传达原语更深层次的文化内涵，有利于两种不同文化和语言之间进行相互交流和渗透，促进它们之间的融合，丰富译入语文化和译入语的语言表达方式，可以极大地帮助读者了解异国文化，提高读者的智力和想象力。但是异化很容易导致死译，破坏译入语的语言规范，影响读者的阅读速度和阅读兴趣。"异化"的方法通常有直译、直译提示法等。

"归化"则遵守目标语言文化当前的主流价值观，对原文采用保守的同化手段，使其迎合本土的典律，出版潮流和政治需求。它的好处是译文不仅克服了语言的障碍，还克服了文化的障碍，采用归化翻译策略翻译出来的译文语句通顺流畅，对于目的语读者也能理解原文的意思，符合阅读和表达习惯，实现了两种文化的对等。"归化"的不足是忽视了两种文化之间的差异，"归化"主要有形象转换法、意译法等。

关于翻译策略，归化异化一直是被学者们所认同的，但翻译过程中，归化为主还是异化为主问题，一直备受争议。

19世纪末，中国翻译家们为了适应当时的社会需求，大多把归化作为主导。翻译过程中，译者采用译述法，常常会夹作夹译，改译改写，尽可能靠拢译入语读者的文化习惯，博得读者的喜爱，以起到"怨世、低世、警世"的作用。尽管当时也有少量的外来词出现，但远远谈不上以异化为主。

　　随着时代的发展，西方先进技术和思想大量涌入中国，翻译者们一改之前的归化策略，把异化作为了主导，大量吸收、引进西方词汇、句法结构和语言习惯，逐渐丰富了汉语的词汇，改变了汉语单调的句式结构，为白话文的发展成熟奠定了基础。但是，由于当时历史社会条件不成熟，翻译者们的翻译思想也不够完善，翻译腔严重，翻译风格过于生硬。所以，20世纪30年代后归化主导思想又重新占据主导，出现了"逆反应"。20世纪30年代末到40年代，翻译家们逐渐变得成熟，他们摆脱了逐字逐句的死译，开始采用灵活的译法，一些人名、地名进行归化，另外也对原作做出适当删减，以便符合译入语读者的口味。此时的译文通顺流畅，摆脱原文框架束缚，不注意原文形式，着重强调神似，受到汉语读者的喜爱。最为典型的例子恐怕就是傅中华翻译的《飘》。

　　中华人民共和国成立后，翻译家们再次掀起归化高潮，很多著名翻译家追求"艺术创造性的翻译"，以"神似""化境"为目标，有些翻译家甚至将浓厚中国特色的词语直接替换外国特有词汇，随意改变原作句法结构，引起了很多意义上的失真。

　　进入21世纪以来，翻译家们对归化异化进行了重新思考，对翻译策略的认识更加成熟。翻译家们大多认为，应该发扬异化译法，归化需要限制在适度的范围里。神似或者形似是一对有主次之分的辩证统一体，翻译的目的是使读者接触外来新文化、新思想，首先要做到的就是忠实原著，考虑到译入语读者的语言习惯和文化接受力，可适当地进行归化。

　　因此，片面强调"归化"和"异化"都是不对的，到底采用什么翻译策略，要根据具体上下文中的具体词语采用不同的方法。根据我们前面提到的翻译原则，我们主张在可以使用"异化"策略的时候，应该尽量使用"异化"，以保持原作所承载的文化信息，要注意的问题是避免死译。但有些时候由于文化、习俗等各个因素的差异，采用"异化"超出了译文读者可接受的限度，给译文读者造成理解障碍甚至破坏译文语言规范时，就需采用"归化"策略。

　　综上所述，翻译过程中的翻译策略，语言层面要以归化为主，文化层面要以异化为主，需找到异化归化的平衡点，使译文读者体会异国语言之妙，尽最大可能展示原作者的独特写作手法，使译文读者欣赏原作的优美独特。同时，译文不能"宁信不顺"，翻译腔过多反而让原作的魅力荡然无存，使译文读者感到晦涩难懂，不可接受，异化、归化相辅相成，互补互助。

三、翻译、语言、文化的关系

语言只有在被使用的过程中才能体现出文化的价值，在跨文化中的语言翻译中才能体现语言的活力，因此翻译与语言文化的关系也是密不可分的。而在语言的使用中人是语言文化的核心，不同的人使用不同的语言、进行不同的翻译，就会出现不同的翻译版本，也能体现出译者的语言风格和个人风格，这就体现出翻译中的不同语言所反映的不同文化。例如英汉语言文化在表达上就体现出不同的文化背景和价值观：英语表达更加直接明了，汉语表达更加含蓄，因此在英汉互译中要注意两种语言文化的差异，不管是口头翻译还是笔译，译者都要实现两种语言之间的准确表达，符合各自语言文化中的语言结构和思维方式。

第三节　影响翻译的文化因素

一、语言结构

在翻译中，语言的语音、词汇、语法、语用等语言结构都要考虑其背后的文化意蕴。例如汉语文化中谐音词的应用，在翻译中就要注意谐音的意义，翻译出谐音词背后的文化内涵；英汉两种语言结构的词汇应用，在翻译中要注意完全等值、不等值和不完全等值等词汇，在翻译中要译出各自的语言文化特质；英汉语言结构中的非词语应用，要注意各自语言的语法系统的不同；英汉文化中语言禁忌也是影响翻译的重要因素。

二、宗教文化

每个民族都会有自己独特的宗教文化。宗教文化不仅表现在各民族的行为、思维方式上，还表现在语言表达中，不管宗教是外来的还是土生土长的，每个民族都会在自己已有文化基础之上进行选择、吸收、容纳，形成独具一格的宗教文化体系。宗教文化又是一个非常庞大的体系，这就使得译者面临很大的困难，很容易忽略或者误解原作背后的宗教文化因素。

不同民族都拥有各自的文化，文化之间的不等值是必然的，这就给翻译带来了干扰性。不同性质文化间具有矛盾性，这些矛盾就是文化干扰的主要表现。而文化冲突即为文化干扰的原因所在。但是，换个角度想，就是由于文化冲突的存在，文化才能孕育出新的文化，文化才有可交流、可学习的必要性。文化冲突是一种普遍存在，但它的性质多种多样。文化冲突主要有地域性、时代性和民族性三个特性。要解决文化冲突，只有深刻认识两种语言的文化背景，把握文化冲突的独特性质，才能对症下药，找出解决文化冲突的良方。

由于民族文化差异，某些具有文化意义的词语在译入语中没有对等词，形成了文化词义上的空缺，如果简单直译，逾越了译语读者可接受的限度，译语读者难以理解其深层涵义。在这种情况下，为了保留原文的民族特色和形象，可以采用"直译＋提示"的方法来弥补译入语中的文化空缺。即前半部分直译原文的形象，后半部分进行提示，点明主题，便于读者理解。

每个民族的词汇或者表达方式都富含了民族的感知和情感。进行翻译过程中为了传达原文的正确感知，使原文中的情感正确地作用于译文读者。原作中原有的情感未能让读者切身体会，那么译文的调适就未能到达效果，这是原文转换为译文过程中的一种缺失。文化感知和情感调适的主要方法有直译、意译、形象转换法、抽象代替具体等。

各民族语言中存在着部分含义完全相同但形象不同的文化词汇，这时可以借用译入语中的词语来替代源语词语，但因为宗教色彩不同，也不能轻易地借用，而要选择别的翻译方法。同样，在各民族语言中存在着部分带有人名地名的词语，这些人名、地名带有强烈的民族色彩。虽然这些词语在含义上完全相同，但是我们不主张借用相应词语。在各民族语言中有一些词语在形象上相同，但意义上却有不小差别，这类词语我们尤其要注意，不能借用。

三、思维方式

文化是一个民族复杂的思想，民族之间、个人之间在文化及其观念方面是间接的、无形的、深层次的，这造成了各民族之间的文化沟通难的问题。为了实现不同文化之间的交流，需要参照自身文化的特点，了解并掌握对方文化的演变过程、已成形态以及律动脉搏。而思维方式作为文化的核心因素，发生在文化观念的深处。只有在充分了解交流双方思维方式差异的基础上，才有可能在跨文化交流中理解对方，包容对方，用对方文化可以接受的方式进行交流。在英汉翻译中，要从思维方式角度展开分析英汉之间的文化差异。

虽然英汉思维方式在中西文化的发展、演变和创造过程中发挥了极其重要的作用，但各自都有某些局限性。因此，注重英汉互译中思维方式的差异，意味着在英汉文化交流中，交流双方能够互相学习，取长补短，在发挥自身文化优势的同时，对于对方文化始终保持善意的态度，在善意的交流中激发文化自身的创化能力。

最后，注重英汉互译中的思维方式差异并不是要放大英汉文化的差异性，而是要发现英汉文化可以相通之处。相通的含义在于将彼此置身于相互联系、相互影响、相互作用、相互依存和相互转化关系中来考虑问题。而且，文化上的差异性或文化类型的不同通常只是显现为其侧重点或走向有所不同。一些最基本的元素在不同的文化中是普遍存在的，例如，逻辑上的同一律和相关律。因此，通过思维方式差异的视角去解读英汉文化交流，能够促进英汉文化在哲学层面的沟通和对话，同时，能够挖掘出英汉文化共同的出发点、共同的理想以及未来目的的统一性，使英汉文化交流保持和谐的发展态势。

四、社会文化因素

英语和汉语之间存在着较大的区别，不但在语法、发音、文字等方面有很大的不同，同时也存在着许多文化方面的差别。社会文化包罗万千，文化传统、风土人情、道德准则、行为方式、意识形态、社会等级等各个方面，例如中国的礼义廉耻、三纲五常、儒家文化等，俄罗斯的村舍文化，每个民族都在漫长的历史长河中形成了独具一个的社会文化，既然社会文化涉及人们生活的方方面面，那么在语言上的表现形式必然是方方面面的，翻译过程中，社会文化最具有隐蔽性，所以要对潜在的社会文化具有高度警觉性。

五、译者的文化过滤因素

文化具有开放性，但是文化交流往往具有选择性，每个民族都有自己的文化保护主义，如果原作不符合译入语文化的需要，那么过滤是不可避免的。文化与文化之间存在着一张无形的过滤网，这样就使翻译成为了有限制的文化交流。文化过滤是由源语文化和译入语文化之间的差异引起的，过滤网主要针对这些引起文化冲突的文化信息，没有冲突的文化信息则放之任之。文化过滤是指"一种文化对另一种文化发生影响时，接受方的创造性接受而形成对影响的反作用"。原作由源语文化转入到译入语文化中，受到译入语文化的过滤是必然的，译入语会自觉或不自觉地根据自身文化的规范对源语文化进行相应的筛选。

首先，译者的文化构成。任何译者都生活于特定文化时空中，译者由于受到独特的历史、宗教、社会、民族心理及文化语境等因素的制约，独特的欣赏习惯及文化心理也会随之形成，在接触外来文化时，这些因素都会对译者产生很大的影响，在文化过滤的过程中，有些文化因素会得到完全接受，有些得到创造性改造，而有些则被拒绝。

再次，译者的主体性和选择性。在翻译过程中，承认译者的主体性是文化过滤的前提，译者在此过程中，有可能对原文进行"选择、变形、伪装、渗透、叛逆和创新"。译者的选择具有必然性和偶然性，在同一时代，不同译者具有文化趋同性，在接受选择过程中必然有相同之处，然而，即使是同一时代，由于译者在心理、爱好、生活背景、文化背景等方面存在差异，不同译者在主动进行选择时，对源语文化的接受程度和受影响面会存在很大差异。

最后，译者对源语文化影响的反作用。译者对源语文化的影响具有反作用，源语文化和译入语文化的差异性决定了不同文化之间的冲突和对抗，译者在进行选择时，除去可接受和拒绝部分外，还需对源语文化进行部分创造，在创造过程中，译者对源语文化对其的影响具有反作用，这是在翻译中出现适当增加或者相互损耗等现象的重要原因之一。

总之，翻译过程中进行文化过滤，是译者发挥主体性、选择性、创造性的重要表现，它发挥着中介作用，也是产生有意误译和无意误译的重要原因之一。

第二章 英汉语言对比及其翻译

英汉两种语言的发展都是在特定的历史条件和社会条件下产生的，两种语言之间存在着很大的差异，因此对英汉两种语言的对比及其翻译在跨文化交流中起着非常重要的作用，英汉两种语言也存在诸多翻译技术和方法。本章分为语音对比及翻译、词汇对比及翻译、句法对比及翻译、篇章对比及翻译和修辞对比及翻译五个部分。主要包括：语音的属性，英汉语言在音素等方面的对比及翻译，英汉词汇对比及翻译时引申策略，英汉句法对比及翻译方法与技巧，英汉篇章特点及差异，英汉篇章衔接与连贯对比及翻译技巧等内容。

第一节 语音对比及翻译

一、语音的属性

（一）物理属性

物理属性是指音高、音强、音长和音色。在不同的语言或者方言之中这四种属性是不相同的。在英语之中音色起到了非常重要的作用。音强或者是音长等方面也起到了非常重要的作用。

①音高，声音的高低。它决定于音波的频率，即发音体在每秒钟内振动的次数。振动的次数多、频率大，声音就高，反之就低。

②音强（音量、音势、音重），声音的强弱，它与音波振幅的大小成正比。振幅是发音体振动幅度的大小，即气粒子离开平衡位置最大的偏移度，与气压的大小成正比。语音的强弱取决于说话时用力的大小，用力大，呼出的气体对声带冲击力强，振幅大，声音就强，反之就弱。

③音长，声音的长短，它决定于发音体振动时持续时间的久暂。振动时间长，

声音就长，反之就短。

④音色（音质、音品），声音的特色、个性，也可以说是声音的本质。它是由音波波纹的曲折形式不同造成的，是一个音素区别于其他音素的基本特征。

（二）生理属性

语音由人的发音器官发出，发音器官活动的部位和方法不同，都会造成不同的声音。人的发音器官包括：呼吸器官、发声器官和共鸣器官三大部分。舌头是最灵活的发音器官。一般情况下"元音"是"乐音""清辅音"是"噪音"而"浊辅音"。则是"乐音"和"噪音"的"混合音"。

从发音角度来说，发音时肌肉经历了一次从紧张到松弛的过程，也就是完成了一个音节。每一个音节都有一个明显的响度中心。

（三）社会属性

语言是人类间相互交流的最主要的工具，人类之间因为语言才有了维持关系的纽带。通常情况下，人们在自由表达思想的时候，必然会掺杂一定的情感因素，如：喜悦哀愁、支持、反对、表扬、鄙视等等。而表达这些情态的媒介就是通过词语的搭配、选择以及外在语调上的表达。

汉民族是"曲线式思维"，较为含蓄，而西方民族是"直线式思维"，较为直接。这种思维差异主要表现在汉语新词语以复合词为主，构词方式以偏正式为主，核心词语习惯性往往会放在词语的末尾，而英语是直线式思维往往把想要突出表达的词义放在词首。因此英语新词语的内部结构很难像汉语一样进行分析。

为适应快节奏和高效率的生活方式，受人们从简心理的影响，人们在创造新词语时尽可能使用简短的结构和较少的音节表达尽可能完整丰富的词义。从构词上来看英汉新词语中字母词和缩略词的数量增多，因为该类词词形短，意义凝练，方便人们记忆和交流。英语拼缀新词在数量上已经超越派生词和复合词，拼缀词词义丰富、词形短，完全符合现代人们追究语言经济的从简心理。汉语新词语中的"词化句"和"词化短语"也是在缩略的基础上形成的，方便人们沟通交流。此外语言中类词缀的大量出现也与人们的从简心理密不可分。类词缀位置固定、意义固定，既能起到词缀的语法功能又可以承担实词的词汇意义，能为人们创造新词语提供现成的构词模板，提高了人们创造新词语的效率。

新词语词群的大量出现受人们的从众心理的影响较大。从众心理一方面增加了同一构词法下新词语的数量，另一方面对新词语起到一定的规范作用。汉语新词语中形成大小不等的多个新词语词群，词群内新词语的构词法基本一致，构词模式相对固定，利于人们借鉴和模仿。如果想借用该构词模式创造新词就必须复合该构词模式的特点，从而对新词语的构词起到规范作用。

人们求新求异心理对构词的影响比较明显。汉语是一种词缀不发达的语言，类词缀的大量出现以及人们求异心理的推动，汉语派生新词语的数量不断增多。汉语名词、动词和形容词重叠在新词语构词中体现出新的语法功能都与人们的求新求异心理有很大联系。英语"拼缀法＋派生法"和"复合法＋拼缀法"等构词法的出现，可能受到人们求新求异心理的影响。求新求异心理在丰富语言构词法的同时，也会带来不良的影响。英汉新词语中出现很多新词的构词无法分析的现象，这与人们过度求新求异，忽略构词规律有很大关系。

二、英汉语音对比及翻译

英语和汉语起源不同，两者是在不同的历史和社会条件下发展起来的，所以两种语言之间存在着很大的差异，体现在语音上，差异就更为明显，英语是表音文字，汉语是表意文字，两者间的文字转换也就必然要涉及大量的音译词。英汉语音对比主要体现在音素、声调和语调、重音和节奏三个方面。

（一）音素对比及翻译

"音素是最小的有音又有义的语言单位。"音素又可以分为成词音素和不成词音素，在不成词音素中又分定位不成词音素和不定位不成词音素。如按音节划分，可分成单音节音素、双音节音素和多音节音素。这些概念及分类比较复杂抽象，理解起来是比较困难的。那么这时候我们把汉语与英语做比较，能使复杂抽象的概念变得具体化。我们可以选择英汉词汇进行对比：比如，单音节中，汉语"她、跑、高"，对应的英语"her, run, tall"；双音节中，汉语"咖啡、沙发"，英语"coffee, sofa"；通过对比，我们能发现，汉语的音素就如同英语中一个单词中的音节，是不能再从单词里拆分出来的了。同样，音素也是不能再拆分的最小的语言单位。然后可再结合实例讲解，如"徘徊"这个词，虽然是两个汉字，但它们像英文中的音节一样，不能再拆分开，分割开的"徘"和"徊"便没有了实在意义，只有合起来才表示一个意义，所以只能算作一个音素。

在音素的分类中有一类音素叫定位不成词音素，在与别的音素组合成词时，位置是固定不变的，只表示一些附加意义，又叫词缀，"一定要附在词根的前后或中间，能表示附加的意义和起语法作用"。位于词根前面的叫前缀或词头；位于词根后面的叫后缀或词尾。英汉语音不成词音素对比，如表 2-1 所示。

表 2-1 英汉语音不成词音素对比

形态	汉语例词	形态	英语例词
前缀	第一，第二阿姨，阿婆 老乡，老虎小说，小工 ……	前缀	dislike 不喜爱 dishonest 不诚实的 unkind 不友善的 unknown 未知的 review 复习 return 返回 antiwar 反战的 antibody 抗体 enable 使能够 enchant 使着迷
后缀	花儿，鱼儿绿化，现代化 前头，后头 勺子，椅子 画家，专家 社会主义，资本主义 ……	后缀	teacher 教师 ruler 尺子 gifted 有才华的 interested 感兴趣的 golden 金色的 widen 加宽 bowling 保龄球运动 swimming 游泳 capitalism 资本主义 socialism 社会主义 lawful 法定的 wonderful 精彩的

1. 删字和衬字

音韵和节奏方面，由于汉语一字一音节的特征，双音节和四字结构总能创造出更好的语感。因此汉语是"偶字易适，奇字难平"。在译文中有时就用到"删字法"和"衬字法"来达到这种效果。"the lutes, the violins, and the guitars"，译成"诗琴、小提琴、六弦"就没有音乐感，改成"诗琴、提琴、六弦"就好多了。

【示例】The situation is unconmonly beautiful.By the side of a fine river whose streams are there very favorable for angling surrounded by the remains of natural woods and by hills abounding in game.

坐落在一条美丽的河边，那环境确实异常优雅。附近有适宜垂钓的溪汉浜湾，四周有残存下来的原始森林，河两岸还有鸟兽成群的绵耳山丘。"hills"译成"绵亘山丘"就用到了衬字，来创造出更好的语感。

2. 调整词序

在英汉翻译中经常遇到原文中列举一些事物，相同音节数的词语放在一起按一定顺序排列读起来就有美感。

【示例】The Giraffe and the Zebra and the Eland and the Koodoo and the Hartebeest lived there.

长颈鹿、斑马、大角斑羚、条纹羚羊和麋羚生活在那里。

上面的翻译虽然按照英文中的次序翻译出来，但是读起来没有美感，可以改成"斑马、麋羚、长颈鹿、大角斑羚和条纹羚羊生活在那里"。

3. 平仄配合

英语有轻重音之分。而中文则有四声之别。诗词的平仄关系固然重要，散文里平仄的配合也要讲究。配合得好，读起来听起来都有一种音乐之美。接连用仄声字结尾，不消四句，读者已经不舒服了，平声也一样。

【示例】They passed through these places, now following the face of rock, digging veins of quartz, now dodging storms and thunderous avalanches. For many days he lay still and did not dare to move, sometimes creeping deep into the heart of the peaks, sometimes winding up a gorge through which the shallow water flowed, strutting across the whole immense mountain range on his shoulders, and stepping into a world of black and white, which was as strange as the geometrical pictures of ancient times.

他们走过这些地方，时而沿着岩石的表面，采掘石英的矿脉前进，时而躲避狂风暴雨和声如雷鸣的雪崩。好多天蛰伏着不敢移动，时而匍匐前进，深入诸峰的核心，时而弯弯曲曲，攀上浅水流过的山峡，肩上横跨整个巨大无比的山脉，踏入一个黑白分明的世界，那景物的奇形怪状，一如古代的几何画样。

这段译文在短句之末连用了几个仄声字，面、进、曲、峡、脉、界、状、样，而且"状"和"样"还押韵，犯了散文之大忌。这一段可以改成：采掘石英的矿脉前移，时而躲狂风暴雨，和声如雷鸣的雪崩，好多天蛰伏着不敢动弹，时而匍匐而行，深入诸峰的核心，时而曲曲弯弯，攀上浅水流过的山峡，肩上横跨整个巨大无比的群山，踏入黑白分明的世界，那景物的奇形怪状，一如古代的几何画图。这一改声调就好听多了。

（二）声调和语调对比及翻译

世界上任何语言在表述时都存在着不同的语调变化。在有声调的语言中，声调是有区别意义作用的，不同的音调代表着不同的语义。一个人在说一句话的时候，如果以不同的语调表达出来，可以体会到不同说话者不同的感情色彩。比如说："你真好。"如果说话人是以一种非常兴奋的语调来表达，这就能够表现出他对别人的感激。作为听话人，也会感受到这句话的意义。相反，如果说话者带着一种无所谓和非常平淡的语调，或者是反问的语气，听话者也会觉得说话人不满意、很不开心等现实意义。据相关数据显示，在交流中肢体动作占总数的55%，语调占总数的38%，内容却只占总数的7%。所以，语调是人类交流中非常重要的一部分。

语调是汉语语音中声、韵、调的主要内容之一，在汉语语音中，声母、韵母、声调是重点。而语调学习起来十分困难属于难点。因为其中包含了一定的文化因素，因此需要慢慢体会其中的奥秘。英语是一种没有声调的语言，欧美人对于汉语语调就是一个从未接触过的知识点。他们普遍都对汉语里每个音节中固定的声调很不习惯。汉语拼音中的四声往往会让他们出现头脑非常混乱的状态。英语有语调的升降起伏、高低变化，每句话的语调一般都会落在句子或短语的最后一个音上。英语中三种基本语调为升调、降调和升降调，在功能、结构和意义的方面都有别于汉语。

升调则是表示询问或者征求意见。

【示例】Do you like the birthday present that I gave to you ?

降调通常用在陈述句来表示说话者的一般陈述句和带有命令形式的祈使句。

【示例】I would like some warm milk.What a sweet girl you are ! Let's get out of here.

升降调通常则表示说话者在说话中带有保留的意见、有相反的意见或者是带有嘲讽的意义。

【示例】Alan is your teacher not your boyfriend.

亚伦竟然是你的老师而不是男朋友。

上述示例中的意思是带有不相信的语调。

一般情况下汉语的句子的语调只是用来区别句子类型和判断感情情感色彩。就带有声调的汉语而言，汉语的每个字、每个音节都带有声调，他们都有着区别意义的作用，每个音声调的不同，代表了不同汉字同时拥有着不同的含义。

1. 汉英调型调值的比较

汉英语各有自己的声调调型和调值。汉语有语调（句调）和声调（字调）。声调仅用于单字的朗读，它包括阴平，阳平，上声和去声四个声调。阴平（也可以叫第一声），起止点都在5度上，是高平调；阳平（也可以叫第二声），从3度升到5度，是中升调；上声（也可以叫第三声），从2度降到1度，再升到4度，是曲折调；去声（也可以叫第四声），从5度降到1度，是全降调。汉语的语调不是独立在声调之外的单调变化，而是声调与语调的复合体，它们是叠加的关系，句末的字调要受语调的影响，在语调的支配下，发生调域的扩大或缩小的变化。但由于汉语的每个音节都有固定的声调，语调就必然受到相当大的限制，只能把字调稍加改变，而不能把字调完全改变。

英语没有字调。在英语单调变化及基频模式结构中起决定作用的是语调，其次是重音。英语有七种基本调型：低降、高降、低升、高升、升降、降升和中平。汉语和英语的调型所表示的意义在很多方面都非常相似。

【示例】他每次来我们家，都是来借东西的。

Whenever he comes to visit us, he tries to borrow something.

【示例】我相信他会来。

I'm sure he will come.

把语调分配到话语中时，最困难的是调型和调值的问题。汉语的语调是以四种间字调为基本单元而建立起来的语调。其字调犹如连绵起伏的山脉，各个山峰的关系保持不变，不管处于波峰还是波谷；而英语的语调则如同那些大浪，但却是没有涟漪的大浪。

2. 汉语声调的语言功能

声调是指音节发音的高低。声调是音节的构成要素，起区别意义的作用。汉语的音节结构简单，音节类型少，音节数目也要比其他语言要少。但是加上声调后，汉字音节的数目便大大增加了。当音节的声母和韵母相同时，它的意义会随着其声调变化而变化。比如"妈"mā、"麻"má、"马"mǎ、"骂"mà就是由于声调不同而形成的4个意义完全不同的词。除了辨义功能外，汉语的声调还有修辞功能。中国古代的文学作品，特别是诗词歌赋都讲究声音的和谐。"平仄"在中国古代的诗词中起着重要的作用。一般来说，平声（阴平、阳平）和仄声（上声、去声）总是会有规律地交替出现，这就使得我们朗读起来有抑扬顿挫、流畅均匀的效果，就像正在唱一首歌一样。

3. 英语语调的语言功能

语调和声调不同，声调指单个字的调子，所以也叫作"字调"，其作用在于区别词义，它表现在字音上；语调，也叫"句调"，则指贯穿整个句子的调子，作用在于表达整句的意思和感情，它表现在短语和句子上。缺少语调变化的陈述虽然时常听得明白，但其内容却显得苍白无力。使用不当的语调会引起令人困惑的歧义。英语作为一种语调语言，其语调较之汉语来说，显得更为重要，涉及的问题也更为复杂。在英语谈话中，重要的不是你说的是什么，而是你怎样说。这里的"怎么说"就是指语调和口吻，信息是口头传递的，在表达时就用韵律响亮音来标明重音；但是，即使这一信息是书面传递的，是由接受者默读的，作者仍应保证读者能够掌握一个内在的或"想象的"韵律响亮音来辨认出信息的重点。英语语调的辨义作用在英语的一些话语中表现得很突出，这充分显示了英语作为语调语言的特点，习惯声调语言的中国人颇易忽视这一特点，因而极易产生误解和曲译，造成口译的错误。

【示例】A：The boys who are ill can't come.

B：The boys, who are ill, can't come.

A 句中的 Who are ill 指"生病的男孩子"，以区别于"未生病的男孩子"。全句的意思是：Some of the boys are ill, so they can't come；B 句是非限定性定语从句，整句的意思是：All the boys are ill, so none of them can come.

由此可以看出，不同的语调用在相同的句子中能产生完全不同的意义。这就需要在口译的时候认真聆听说话人的语音语调，准确地把握其内在含义，再完整无误地表达出来。

语调除了有辨义功能外，还有强调功能。英语语调中最重要的是语调群，在一个语调群中可能有多个音节，而其中可能会有一个音节发音最响，音调最高。这个音节便是调核，调核在句中起着重要的作用，它一般位于句子的最后一个实词上，称之为常规调核。

（三）重音和节奏对比及翻译

1. 英汉翻译重音对比

就重音来讲，汉语中单双音节重音的模式是非常固定的，而英语重音的规律要复杂得多。记得我们在初学英语单词的时候，经常找不准一个单词的重音在哪里，这时教师会告诉我们重音就是用特殊符号来表示的音，它放在了谁的头上，那个字母就一定要重读。在我们确定了重读音节，其余的音节就自然而然地弱读。对于汉语而言，情况则有所同。我们需要确定在一句话中弱读音节在哪，接着按照是主重音和次重音来依次排列。在句子重音当中，俞云根先生就句子结构类型的角度提出，在汉语短句中，谓语、状语和补语通常情况下要重读。同样一句话，重音位置不同会影响到对整句话的理解。

重音是一种超音段语音表达手段，它在语音学里占有十分重要的地位，是节奏和语调的基础，是言语表达的重要手段之一，可以分为词重音和句子重音。对于英语学习者来说，正确掌握词、句重音是非常重要的。英语的词重音既是自由的，也是固定的。所谓自由的，是说英语的词重音不像某些语言的词重音那样有固定的位置。所谓固定的，是指英语的每个单词都有自己的重音位置。

英语和汉语重音都是依靠音强、音长、音段、音高这几个因素来实现的，对于英语重音来说，音高发挥最重要的作用，音长次之。而汉语的重音则有较长的长度和完整的音高模式，也就是音长发挥最重要的作用，音高和音强次之。英语与汉语的重音区别主要集中在词重音这一块。汉语的轻重音概念和英语的很不相同，英语着重重音的概念，其他音节都是弱重音或者是非重音。而在汉语中，我们着重轻音的概念，一个词里所谓的重音，只是相对于轻音而言，并不需要特别的重读。

在英语的口语中，词重音可用来区别复合名词，且也具有辨别词义的功能。例如 content 这个词，重音落在第一个音节上是"内容"的意思。而落在第二个音节上是"满意"的意思。而 desert 这个词，重音落在第一个音节上是"沙漠"的意思，落在第二个音节上是"抛弃"的意思。又如 a black horse，重音放在 black 和重音放在 horse 上意义也是不同的，前者是"黑市"的意思，后者是"黑马"的意思。而在汉语中，重音的作用就远没有在英语中那么重要，一般来说，在汉语中，重音的改变不会令词义发生变化。

例如，汉语中"玻璃"这个词，在普通话中应该把重音落在第一个音节上，但在口语中前重后轻和轻重一致并不会阻碍听者对这个词的理解。

除了辨别词义的作用，英语的重音还具有区别词的语法意义的作用。例如 contrast 这个词，重音在第一个音节上时，作名词用；当重音落在第二个音节上时，则当作动词用。又如 increase 这个词，重音在第一个音节上的时候，是名词；落在第二个音节上，是动词。类似用法的词还有 record, insult 等。英语重音的这一用法也是有规律可循的，即第一个音节重读的往往是名词或者是形容词，而第二个音节重读的往往是动词。其实，英语重音的这种区别词义、词性的作用颇似汉语中声调的作用，只不过英语中借助重音区别词义的词的比例不大，远远没有汉语利用声调来区分词义那样广泛。

而轻音在汉语中所起的作用要比重音大很多。比如在汉语中，存在一部分双音节词，这些词的第二个音节轻读与否会起到区别词义或词性的作用。例如，"地道""东西""对头"这三个词，第二个音节轻读与否就会使得它们的意义完全发生变化。又如"买卖"这个词，第二个音节轻读就是名词，不轻读就变成了动词。

其实，双语的词重音的模式是比较固定的，需要注意轻重音的词基本都是最后一个音节要谈轻音，这样剩余的音节就相对成为重音。而相比之下，英语重音的规则要复杂许多，而且重音落在哪个音节上也是不定的，不像汉语中那么固定。

以上这些只是英语重音一般规律中的一部分，还有很多例外情况。这里就不一一列出。从这些例子我们足可以看出英语的重音规律远比汉语的要复杂得多。而且多音节词中除了主重音外往往还有次重音，这也是汉语中所没有的现象。

2. 英汉翻译节奏的对比

英语和汉语的语音都有节奏，但是各有其特点。英语是以重音为骨干的，一句话中间出现的各个重音之间，都要保持大致相等的时间距离。以重读音节起始的语音片断是话语节奏的基本单位，叫作节奏群或音步。每一个节奏群都只有一个重读音节，它后面可以跟随着数量不等的非重读音节，也可以没有任何非重读音节，各个节奏群所占时间大体相等。要注意各个重音间的轻音数目，轻音少就要念得慢一些，而轻音多则要念得快一些。也就是说，在自然的不受特殊因素影响的谈话中，它的每一句话重音与重音之间总是保持大致相等的时间距离，重读音节之间的非重读音节越多，就要念得越快越含糊。由此我们可以看出，英语是一定间隔时间出现的重音作为节奏的基本模式，是一种以重音计时的语言。此外，英语的音节也缺乏独立性与封闭性，音节间的因素遵照一定的规律可以重新组合，重读音节读时清晰响亮，非重读音节读时含糊轻快。而在汉语中情况大不相同。现代汉语中附着语义的最小单位是音节，音节的书写形式是汉字。在汉语中，语音的一个音节语义上就能表达一种意义。也就是说，一字一音节，音节的数目是节奏的基础。汉语音节与音节之间界限较为明显，每一个音节内的各因素都难以分割，具有独立性与封闭性，除少数语气助词外，几乎每个音节都要清清楚楚地念出来，每个音节所花费的时间都大体相等。所以说，汉语计算拍节是以音节数目为主。但在英语中，如果重音数相同，即使是音节数目相差很多的几句话，念起来所用时间也大致相等。

我们以诗歌为例看看英汉节奏上的区别。看下面这首 Tennyson 的诗。

【示例】Break, break, break, On the cold grey stones, O'sea!

这两句诗的第一行只有三个音节，而第二行却有七个音节，但由于每行各有三个重音。这两句诗被认为是完全对称的，它们的长度完全相等。

然而，汉语的律诗或绝句却是严格地按照字数或音节数来计算的：五言就是每句五个字，七言就是每句七个字；律诗每首八句，绝句每首四句。这样，诗句的字数相等，念起来时也一样。而且平仄声的搭配使诗的韵律更加优美。

【示例】　　　　　　　　　乌衣巷

朱雀桥边野草花，乌衣巷口夕阳斜。

旧时王谢堂前燕，飞入寻常百姓家。

但是，如果诗句的字数不同，念起来时间的长短也就不同了，如岳飞《满江红》中的几句词：三十功名尘与土，八千里路云和月，莫等闲，白了少年头，空悲切。这首词中，字数决定了第一、二句所用时间一样，而第三、四、五句所用的时间较短。这也正说明了汉语是一种音节计时的语言。

英语诗歌是以抑扬为格，即以重读音节与非重读音节的交替对立构成节奏的起伏。重读音节与它相邻的非重读音节构成一个音步，音步是构成英诗有规则节奏的基本单位。格和音步数可以构成不同的搭配。

总之，英语诗歌的节奏主要是由轻重音互协形成的，英语诗歌与汉语诗歌的不同之处在于英语的押韵不是字与字的押韵，而是指相同或者相似的重读音节先后出现在两个或者更多诗行的相应位置上。当然汉语和英语中也都有不受格律限制的自由诗。

通过以上的比较，我们大概了解了英语和汉语重音与节奏的区别。它们有相同之处也有不同之处。重音在英语中的地位非常重要，是英语节奏的基础，只有掌握这些特点，我们才能更好地学习英语。

第二节　词汇对比及翻译

一、英汉词汇对比

汉语与英语词汇按词性一般分为名词、动词、形容词等几大类。由于划分词类的依据不同，因此划分出的词类也不尽相同。英汉两种语言划分词类的依据有所区别，英语主要依靠词型变化来划分词类；在汉语中，词的形态变化极少，难以根据词型的变化来判断词性，现代汉语主要是依据词汇的语法特点和意义来划分词类。根据不同的划分标准，汉语将词划分为十一类，英语则把词划分为十类。英汉词类划分对照表，如表 2-2 所示。

表 2-2　英汉词类划分对照表

	汉语	英语		汉语	英语
实词	名词	noun	虚词	连词	conjunction
	动词	verb		介词	preposition
	形容词	adjective		助词	—
	副词	adverb		叹词	interjection
	数词	numeral		—	article（冠词）
	量词	—			
	代词	pronoun			

通过以上的英汉词类划分对比表可以看出，英汉都将词汇分为两大类：实词和虚词。所谓实词是指能单独在句子中充当成分的词，英语叫作 notional words：而虚词则是不能单独充当句子成分的词，英语叫作 form words。汉语中没有冠词，英语中没有量词和助词，除此之外，其他词类都是对应的。它们的定义及功能大致相同，但是又有其各自的特点。如英语词汇的词尾有明显的词性标志。例如，名词词尾有 -age（percentage），-tion（station），-ancy（pregnancy），-ency（fluency），-er（receiver）等。动词词尾有 -en（weaken），-ize（neutralize），-ate（vibrate）等。形容词词尾有 -able（acceptable），-al（regional），-ant（significant），-ar（regular），-ary（ordinary）等。而汉语词汇没有明显的区别词性的标志，

因此很难从形态上区分词类，只能依据语法特点及意义来区分。

二、词汇翻译时词义引申策略

（一）词义虚实

作为表示复数的"们""-s"或"-es"，它们都没有实际的词汇意义，不能独立运用，只能跟在名词后做黏着词汇。虽然都是表示复数的词义，但是它们所附着的名词范围并不完全相同。在英语中，可数名词若要变成复数，后面必须加"-s"或"-es"，一部分代词如 yourself，one，other 等变为复数也要加"-s"或"-es"。在汉语中情况则不同，"们"可以跟在一部分代词后面，一般来说，汉语的代词可分为人称代词、疑问代词和指示代词，而"们"只能加在人称代词后面，且只能与一部分人称代词组合。具体情况如表 2-3 所示。

表 2-3　"们"在汉语中的词义虚实表达

代词	你、我、他、她、它、咱、您……	自己、别人、大家、大家伙、彼此……
	可加"们"	不可加"们"

除了附着一部分代词以外，"们"还能附着在一部分名词后面。具体情况如下。

①指人的名词，这是最普遍的一类。如：先生们、女士们、同志们等。

②表动物的名词，这种用法是后来兴起的。如："当他找到骆驼们的时候，他的心似乎全放在它们身上了。"（《骆驼祥子》）

目前汉语的语法界对在动物名词后面加"们"的情况还没有定论，但是根据现在的情况来看，这种现象大量出现在文学作品中。从语法意义来看，它与在指人的名词后加"们"一样，都是表示复数。从这种现象看来，在汉语的发展过程中，与西方文化联系日益紧密，汉语复数的表达受到印欧语系的很大影响。

（二）概念大小

汉语与英语的名词功能及用法大体上相同，都是用来表示人、事物或地点的名称。它们最大的不同之一体现在名词的"数"上。汉语和英语都有各自表示单数和复数的语法系统。对于复数，汉语用"们"表示一部分名词及代词的复数，如"他们"：英语用"-s"或"-es"来表示，如"pencils"。"们"与"-s"或"-es"虽都表示复数，但是绝不能简单地把两者等同起来。在汉语中名词单复数的对立不是很明显，所以表示复数意义的"们"的用法是比较灵活的。一个汉语的名词在表示单复数时没有明显的形态变化。也就是说一个名词既可能表示单数意义，也可能表示复数意义。例如，"学生们都去操场了"，这里"学生们"表示复数，但是在"学生都去操场了"这句话中，"学生"也表示复数。由此可以看出，"们"的使用具有弹性，并非强迫使用。这与英语有很大的不同，英语中名词的单复数在形式上严格对应，单数用单数形式，复数用复数形式。如，"一支铅笔"是"a pencil"，"两支铅笔"就是"two pencils"，单复数对立明显，单数形式变复数形式时，"-s""-es"的使用具有强迫性。虽然有一些单复数同形或只有单数形式的名词，如不可数名词等，但这只是极少一部分，不影响英语名词单复数的整体特点。

除此之外，在汉语中"们"还可以与短语组合表复数。

偏正短语＋"们"。"各单位的学习辅导员们为'价值'与'价格'的关系争得面红耳赤。"（《组织部来了个青年人》）

并列短语＋"们"。"一句话，说得大人孩子们笑个不停。"（《红旗谱》）

同位短语＋"们"。"然而那算什么自由神啊！我们都把她叫作娼妓，和那些议员先生们的人格一样，不值一个小钱。"（《自由神的命运》）

虽然受到了印欧语系的影响，但是汉语还是有自己的特点，因为英语中表复数的"-s"或"-es"只能附着在单词上，而不能加在短语后面。

通过英汉名词复数形式的对比，可以看到，汉语中的复数变化比较广泛，名词在特定语境中，可以弹性切换其单复数的语义概念，这与英语中单复数的严格结构形式是不同的。

（三）逻辑修辞

汉语是世界上逻辑性最强的语言，这是汉语的本质特点决定的。这句话的意思不是说汉语讲逻辑，其他语言就不讲逻辑，而是说，汉语的语序是最合逻辑的顺序。在造词方面，我们有"早晚""古今""解脱""风平浪静""一呼百应"等，都有时间上的逻辑顺序；句子也是如此，如《红楼梦》里有一段描写："邢夫人携了黛玉坐上，众老婆们放下车帘，方经小厮们抬起，拉至宽处，架上驯骡，出了西角门往东，过荣府正门，入一黑油漆大门内，至仪门前，方下了车。"这十三个动词（介词）都有条不紊地排开，尽管主体变化，但读起来并不混乱，因为汉语是以事件为中心来组织，而不是以人物为中心来组织的。人们注意的是事件按时间顺序的发展，人物相对处在次要位置。

而英语则不同，它更注重的是句子的结构框架，如下面一个句子。

【示例】I had spent a long day on a hired mule before the mail carrier who had been my guide pointed to a cabin on the far side of a stream, mutely refused the money I offered, and rode on.

若按原结构翻译：我花了一整天在一头租来的骡子上，直到曾担任我向导的邮差指着远处河边上的小屋，默默地拒绝了我给他的钱，骑着骡子走了。若按中文习惯翻译，则是：我雇了一头骡子，邮差充当向导，骑了一整天，然后他遥指河那边的一座木屋，我给他钱，他默默拒绝，独自牵着骡子走了。从这个例子可以一目了然地看出英汉在语序上的不同，也能够更加深刻地认识到汉语在逻辑上是非常讲究时序性的。

第三节　句法对比及翻译

一、英汉句法对比

（一）英汉句法结构对比

1.形合与意合

贾玉新曾在其《跨文化交际学》一书中对英汉语句法结构的差异给出了精炼的概括："英语高度形式化，逻辑化，句法结构严谨完备，并以动词为核心，重分析，轻意合；而汉语则不注重形式，结构不完备，动词的作用没有英语中那么突出，重意合，轻分析。"而且著名的翻译家尤金奈达也曾在其"Translating Meaning"中指出："就汉语和英语句式而言，也许在语言学上最重要的一个区别就是形合与意合的对比。"

（1）英语的形合法

英语的语言特征之一是重形合，形合指句子与句子之间或是句内部之间通常是用某些句法形式或是某些词汇手段进行连接。因为英语句法结构强调形合，所以句中各成分的衔接常用适当的连接词，来表示其结构关系。英语句法结构是紧凑型的，句子中必须有主语和谓语两者缺一不可，协调一致共同构成一个句子，而其他语法成分是在原有的句子上进行无限拓展，环环相扣，因而形式比较齐整。英语中所有的句子都基于五种基本结构，分别是 SV、SVC、SVO、SVOO、SVOC，因其句子结构的完整，句子成分之间必须在人称、数、性和意义等方面保持协调一致，所以其结构形式比较规范，句子尽管繁简交替，长短不一，但形式仍不致流散。汉语不受形态的约束，只重视句子内在意义的连接，无须英语中所说的连接词，也不像英语中必须要求主语和谓语一致的原则，这样汉语的主谓结构就可以灵活多样：比如，汉语的主语可有可无，可以是名词、动词，形容词，可表示施事、受事，也可表示时间地点，因而句式呈流散句。

【示例】The rooms where in dozens of infants had wailed at their nursing: now resounded with the tapping of nascent chicks.

这些屋子里，从前有许多吃奶的孩子哇哇哭叫，如今却回响着小鸡啄食的声音。

（2）汉语的意合法

汉语则重意合。意合指"句子内部或句子间的连接常采用语义手段衔接。汉语句法结构强调意合，句子成分或句子间的结合多依靠语义的贯通，而很少使用连接词，所以句法结构比较简短、精炼，灵活多变"。在翻译过程中，译者应考虑英汉两种语言的句式特征，英语句子特别是长句多在形式上使用连接词语将从句衔接起来，而汉语则多依靠意义上的衔接。

【示例】上梁不正下梁歪。

If the upper beam is not straight, the lower ones will go aslant.

【示例】跑得了和尚，跑不了庙。

The monk may run away, but never his temple.

2. 树形结构与竹形结构

英汉句法结构上称之为"树形结构"，而汉语则属于非屈折语，因此被称为"竹形结构"。西方人强调形式分析和规则制约，强调由一到多的思想，其思维方式呈焦点视式，而中国人注重整体和谐，强调从多归一的思想，其思维方式呈散点视式。这种思维方式的差异造就了英汉语言相应的焦点视和散点视造句心里。英语句子一般总有一定的框架，句子的主谓结构是全句的焦点和出发点，其他修辞，限制，补充等附加成分好似主干上的分支，借助各种关联词进行空间构架，构成一种树形结构。英语句子在表达复杂的意思时，主要是通过扩充句内各成分的丰满度来实现的，即通过增加结构层次，旁支延伸的方法。

而汉语句子则没有一定的框架限制，多用散句、流水句、省略句或并列句，以中短句居多，没有谓语动词和非谓语动词的区别，有时几个动词连接铺排，按照时间顺序或逻辑顺序，逐步交代，层层铺开，呈现竹形结构。著名汉语学家王力指出："中国人作文虽将就炼句，然其所谓炼句只是着重在造成一个典雅的句子，并非要扩充句子的组织。恰恰相反，中国人喜欢用四个字的短句子，由此看来，西洋人做文章把语言化零为整，中国人做文章几乎可以说是化整为零。"

3. 主语突出与主题突出

就句法结构而言，英语的主语显然是很重要的句子成分。在翻译中，如何选择和处理主语对于整个句子和语篇的形成与走向都是至关重要的。在《当代英语语法》中曾对主语做过如下解释：主语与正在被讨论的事，即句子的主题有着全面密切的关系，他通常具有这样一种含义，就是对前面某句中已经提出的某个问题，做出一些新的陈述（谓语）基于此，英语的主语对全局具有统领作用，他是谓语讨论和描写叙述的对象，一般处于句子的主位。在英语中，一个句子是必须要有主语的（祈使句除外）句子的主语位置不可空缺，所以有时还会出现虚主语 it 和 there。这种虚主语没有明确所指，但是对构成正确的句法意义重大，必不可少。刘宓庆也说过："主语决定了动词的数，在动词形式有单复数区别时，选择什么形式取决于主语是单数还是复数。"同英语相比，汉语的主语就没有那么重要了，因此也不具有英语那样对于全局来说的不可或缺性。汉语是主题突出语言，遣词造句都是围绕着一个主题，主题之后是对主题进行陈述或描述的述题，不同于英语中以 SV 为中心的句子结构。此外汉语中还存在一种"零位主语"现象，即无主句，这与省略主语不同，也不是倒装句。从句法结构表现形式和句法结构层次来看，汉语主语具有十分突出的模糊性，即从语言表现形式上很难判定句法层次，主语和谓语之间也不存在形态和数的一致性。

4. 主动与被动

英语重物称，常用无生命词汇作主语，所以英语广泛使用被动式或表示被动意义的过去分词，汉语重人称，习惯表示人或物的词汇作主语，所以汉语大都是以主动句的形式出现，常用主动形式表被动意义。英语中，最普遍的被动意义的表达方式是标志性的被动结构 be+V-ed+by，例如：Three books were given to Tom as present by Mary. His book will be published next month. 相比英语较为单一的被动语态表现形式，汉语的被动态表现手法就较为丰富。在汉语中，变大被动的动词有被、叫、让、给、受等，例如：他被别人打了。他给别人打了。他叫别人给打了。他让别人给打了。这几句表达的意思基本是一样的。而且在汉语口语中，有时完全就不用被动表达结构来表达被动含义，例如：饭做好了。衣服洗好了。虽然没有标志性的被动结构，同样也能表达出被动态的效果。

（二）英汉语序对比

语言是文化的载体，是思维的外壳，所以一个民族的文化习惯和思维模式常通过语言反映出来。英语民族强调"人物分立"，注重形式论证与逻辑分析，提倡个人思维，思维体现出"主语—行为—行为客体—行为标志"的模式，因此其语言表达的基本顺序为主语＋谓语＋宾语＋状语。英语为综合性语言，其句子语序相对固定，但也呈现出一定的变化。汉语民族主张"物我交融""天人合一"，注重个人的感受，崇尚主体思维，思维体现出"主体—行为标志—行为—行为客体"的模式，因此其语言表达的基本顺序为主语＋状语＋谓语＋宾语。汉语属于分析性语言，句子语序基本固定不变。从语言的表达顺序上就可以看出，定语和状语位置的不同是英汉语言在语系上的主要差异。

1. 定语位置对比

定语在英语中的位置较为灵活，通常有两种情况：以单词作定语时，通常放在名词之前；以短语和从句作定语时要放在名词之后。而定语在汉语中的位置则较为固定，一般位于所修辞词的前面，后置的情况则十分少见。

【示例】The doctors have tried every way possible. （后置）

医生们已经试过各种可能的办法了。（前置）

2. 状语位置对比

英语中状语的位置灵活且复杂。由单个单词构成的状语一般位于句首、谓语之前、助动词和谓语动词之间，或者句末。如果状语较长，那么其一般放在句首或句尾，不放在句中。而汉语中状语的位置则较为简单，一般位于主语之后谓语之前，有时为了起强调作用，也位于主语之前或句末。

【示例】The flight was canceled due to the heavy fog.

班机因大雾停航。

【示例】I will never agree to their demand.

我绝不同意他们的要求。

【示例】He can never speak English without making serious mistakes.

说英语他总是出大错。

有时，一个句子中不只含有一个状语，有时多个状语（如时间状语、地点状语、方式状语、让步状语等）会同时出现。针对多个状语同时出现的情况，英语的表达顺序是：方式、地点、时间；而汉语的表达顺序则恰恰相反：时间、地点、方式。

【示例】The bank will not change the check unless you can identify yourself.

只有你能证明你的身份，银行才会为你兑换支票。

如果句中含有两个较长的状语时，英语习惯将其放于句中，而汉语则习惯将其置于句首和句尾。

【示例】Suddenly the President, looking out over the vast landscape, said, with an underlying excitement in his voice, the words 1 gave earlier...

总统眺望着辽阔的景色，突然用很兴奋的语调说了我在前文已经提到过的话……

（三）英汉语态对比

在英汉两种语言中，动词在时态上存在者很大的差异。英语动词的变化相当活跃，具有时、态、数、体、人称等范畴，而汉语动词则没有如此多的范畴，动词的形态很少变化，往往是借助其他词汇或语境来体现时态。如"ate"这个词，学过英语的人都知道这是 eat 的过去时，表示过去发生的事情，在形态上发生了明显的变化。那么在汉语中，单看"吃"这个词，很难辨别出它发生的时间，因为它在形态上没有发生变化。但是在句子中"他昨天跟朋友去饭店吃饭了"中，我们可以看出，吃的动作发生在过去。可见，在这两种语言中，人们对于时间的思维上的概念和语法中的"时"的概念有密切关系，但究竟是两码事。在英语中，"时"总是与"态"结合在一起。"态"是一个与动词有关的另一个语法范畴。它们通常可组成现在进行时（present progressive）、过去进行时（past progressive）等多个时态。那么在汉语当中，语法学家认为汉语动词也有三种态：持续态、完成态、经历态，分别用"着""了""过"来表示。对于这三个词，人们平时说话时用到的频率非常大，很少用错，但是在语法知识的学习当中，也会有用错的情况发生。由于受英语语法的影响，学生会简单地把"着""了""过"与进行时、过去时、完成时对应起来，把它们当成了时态的标志，其实它们之间存在着很大的区别。

【示例】昨天他出去的时候正下着大雨。

现在正下着大雨，等会儿再走。

我们昨天吃了饭才去看电影的。

我们想吃了饭再去看电影。

我从来没见过他。

那天是我第一次认识他，以前从来没见过他。

"着""了""过"这三个词用在动词后表示持续、完成、经历，没有实词所具有的真实概念。需要注意的是，这三个词既不表示过去，也不表示将来，与时间无关。例如，第一句话中"下着大雨"表示的是过去某一时间的持续，过去时间是由"昨天"来说明的。第二句话中"下着大雨"是现在的持续。从语法角度来看，两者没有区别，都是"下着大雨"。第三句话中表示过去发生过的事情，第四句话从整个句子来看是将来的完成态。第五句话中的"没见过"是说从前一直没见过，而第六句话是说在过去的某一天之前没见过。如果将这六句话译成英语，表示同一动作的词，时态却不同，在英语中必须区分过去、现在以及将来。但是从语法上来看，汉语中没有区分过去、现在与将来的动词词性变化，它的时态只能靠词汇的手段来表达。

（四）英汉句子重心对比

在句子的重心问题上，英语习惯将主要的信息放在句子开头。具体来讲，英语习惯先对事情做出评价或先表达发话人的感受、态度，然后再详细叙述事情的来龙去脉。

【示例】Stealing happens only in communities where some have got more than they need while other have not enough.

在一个社会内，只有当一些人绰绰有余，而另外一些人物质匮乏时，偷盗才可能发生。

【示例】Good reception requires a series of relay towers spaced every 30 miles since the curvature of the earth limits a microwave's line-of-sight path to about 30 miles.

地球曲率的限度使微波发射的视线路径为 30 英里；为了接收良好，需建立间隔为 30 英里左右的系列转播塔。

在句子重心上，汉语则表现出与英语相反的倾向：习惯将主要信息放在句子末尾。具体来讲，汉语习惯先按照先后、因果等顺序做一番长篇叙事，然后再简短地表达发话人的观点、立场。诸如，汉语中几句话的重要性相当，但将它们合译成英文中的一个句子之后，可能会发生句子重心的转移。因此，经过合句处理，译句句意可能会与汉语原文所要表达的意思有出入。另外，对一些具有颇高文学、艺术价值的汉语作品而言，其中某些句子所欲表达的内容与语言形式同等重要，虽然某些句子间存在着逻辑或语义上的关联性，可以合句翻译，但这样做却损害了该作品的艺术价值。

【示例】有朋自远方来，不亦乐乎。

【示例】要是你有急事要办，不要去找那种显然没有多少事可做的人。

二、英汉句法翻译方法与技巧

（一）通用翻译方法

1. 换序法

尽管英汉两种语言中的语序基本上是固定的，但是其修饰语的位置则比较灵活。在英语中，修饰名词或代词的单个形容词通常放在名词的前面，而修饰名词的介词短语、分词形式、不定式以及各种从句则放在后面。汉语句子中，定语通常放在所修饰的名词前面，而状语通常是放在句子的前面，所以汉语的语序相对固定。英语中状语的位置比较灵活，可放句首、句中、句尾，与语义侧重、文章衔接、个人偏好有关，但译成汉语时一般需要前置。其次，英语中词序的倒置情况比较多，汉语则不同。

【示例】Inexpressible was the astonishment of the little party when they returned to find that Mr. John had disappeared.

在这个小型聚会上，当他们回来发现约翰先生不见了的时候，那种惊愕之态简直无法形容。

这句话就是英语中句子的倒置，它所要表达的正常语序是 the astonishment of the little party was inexpressible，而为了强调这种吃惊的程度，所以将 inexpressible 进行前置，when 在这里引导的是时间状语从句，放在了句子末尾。如果按照英语的表达，翻译成汉语为：无法形容那种惊愕之态，在这个小型聚会上，当他们回来发现约翰先生不见了的时候。这样的翻译显然不符合汉语的表达顺序，由于汉语的前置性特征，在翻译成汉语时，则应做进一步调整。

2. 并列句译法

通过英汉句子的对比，我们知道汉语语法呈现隐含性，句间关系有时需借助上下文来确认，有时则需通过标点符号的使用来加以判定，或句中一些关系词来予以明确。相比之下，英语语法为显性语法，原则上，只要有逻辑或语义相关的几个部分都可以通过各种形式手段的应用来连接成串，使之成为一个英语句子。因此，汉语中两个或多个有着逻辑或语义相关的句子都可以通过英语中形式手段的应用来合译为简单句、并列句或复合句。

汉语中,分别叙述两个或多个事件的两句或多句话,它们的关系英汉翻译中的合句译法一以《最新圆锥式破碎机说明书》的翻译为例可以多种多样,联合关系即为其中一种。而联合关系中,又有一种比较特殊,即"比较松懈的联合关系"指的是两事之间无特殊关系可言,但又不能说是渺不相关。因此,汉译英时,如遇到有着联合关系的两个或多个汉语句子,可以通过添加英语中表并列关系的词来加以合并,使之成为一个英语句子。

【示例】通过装在邮箱一侧的油位计可查看邮箱内的油量。取下窥油孔盖便可以方便地检查回油情况。

The oil mass in oil tank can be checked by using the oil gauge on one side of it, and the return oil can be easily observed through removing the peep hole cover.

汉语原文两句话讲的是两件事情,彼此之间看似没有任何关联,但也并非毫无相关性,这就是联合关系中,比较松懈的那一种。因此,译成英文时可以添加一个连接词"and"将其连接起来,合译成为英语中的一个并列句。

3. 合句译法

众所周知,汉语属于汉藏语系,英语则被划为印欧语系之列。不同语系的两种语言,在语法规则、句式特征、修辞方式等方面都不尽相同。因此,进行两种语言的相互转换时,势必要做出一定的调整。以英汉句子翻译为例,由于汉语句子排列错落有致、长短不一,相关联的几个句子间无明显的衔接标记;而英语句子则喜好用长句、复杂句,且相关联的句子需通过形式手段来进行接合。在进行英汉句子翻译时,需按照各自的句式特点做出适当的改变。合句译法是在两种语言翻译实践的基础上总结出来的一种句子翻译方法。目前,合句译法是翻译界热烈讨论的焦点话题,也是众家研究的对象之一。合句译法,顾名思义是将源语中的两个或两个以上的句子用译语中的一个句子表示出来的翻译方法。它是一种非常实用的翻译方法,若用得恰到好处,则可使译文晓畅、通顺,句式简练,增强译文的可读性。但也并非在任何情况下都可随意使用,若使用不慎,则可能会曲解原文意思,达不到预期效果。因此,使用合句译法时,需遵循一定的原则。

(1) 逻辑相关原则

由于汉语属意合形语言,行文如流水,无任何形式上的制约,句间很少用连接词来体现彼此间的关系。某些句子之间看上去没有联系,读起来却能感受到其中有着逻辑关联性和语义相关性，这就构成了英译时合句的基础。

【示例】破碎机皮带轮是按照轮缘的最大速度专门设计的。如果超过最大速度皮带轮可能破裂并导致严重事故或者造成人身伤亡。

As the belt sheave is specially designed in accordance with the maximum velocity of rim, the wheel may be broken to cause serious accidents, personal injury or loss of life in the case of exceeding the maximum velocity.

通读例句，不难发现两个句子存在着因果逻辑关系，即（因为、由于）破碎机皮带……专门设计的，（所以）如果超过最大速度，皮带轮可能破裂……人身伤亡。正是出于其中的这层逻辑关系，才能将两句话合并起来翻译。因此，也就有了上述的英语译文。

（2）语义忠实原则

语义忠实原则要求译文在内容上忠实于原文，不能随意增减、篡改，或曲解原文意思。例如下面一个句子的翻译。

【示例】复合圆锥式破碎机采用一套外置的包括油泵、邮箱、管路的润滑系统。当油温过高或油流速过慢时将自动关闭破碎机。

The Compound Cone Crusher contains a set of external lubrication system comprised of oil pump, fuel tank and pipeline, which will automatically shut down it when the oil temperature is too high or its speed it too slow.

原文首先介绍了"破碎机润滑系统"的组成，接着讲到了"润滑系统"在"油温过高或油流速过慢"的情况下会通过"自动关闭破碎机"来起到保护的作用。翻译时，就一定要注意将"破碎机润滑系统"的组成部分全部转译成英语，并且"润滑系统"起作保护用的条件一定要正确译出，不能将"油温过高或油流速过慢"译成"油温过低或油流速过快"，或是其他的情况，因为这样很可能误导国外的破碎机使用者。尤其是当出现一些关键性的操作，以及需要警惕、注意的情况时，必须做到翻译准确，不然可能会引起一些不要的事故。因此，语义忠实原则非常重要。

（3）译语规范原则

符合译入语习惯原则从读者角度出发，要求译文在忠实的基础上，在遣词、造句、行文等方面符合译入语的表达习惯，为译入语读者所接受。

【示例】机器的某些表面如本体配合面、轴承安装面、各零件的机加工面等都有黑清漆或其他防锈漆。可以先用溶剂彻底清洗后涂上薄薄一层防护油。

Some parts of the Crusher, such as the matching surface of frames, the FTTIN surfaces of bearings, the machined surfaces of various components and so on are all coated with black varnish or other antitrust paint, which can be cleaned out with solvent before applying a thin layer of preservative oil to them.

对客观事件进行陈述时，尤其在科技文本中，英语中常使用被动式。汉语则不然，偏好从人的角度出发，强调人的主观意志，因此汉语句子即使表达一个被动的意思，仍然多用主动句式。"可以先用溶剂彻底清"，转译成英文时，应符合英语的这一表达习惯，将其译成被动句，"which can be cleaned"并且英文中多使用长句，几个有着逻辑、语义相关的句子，应当通过相应的形式手段将它们合并起来，而并非成为单独分开的几个句子。通读例句，发现两句话之间有着清晰的逻辑、语义上的相关性，按照英语的行文习惯，将其合译更佳。

4. 缩句译法

通过英汉句子的对比，我们知道汉语语法呈现隐含性，句子与句子之间的关系有时需借助上下文来确认，有时则需通过标点符号的使用来加以判定，或句中一些关系词来予以明确。相比之下，英语语法为显性语法，原则上，只要有逻辑或语义相关的几个部分都可以通过各种形式手段的应用来连接成串，使之成为一个英语句子。因此，汉语中两个或多个有着逻辑或语义相关的句子都可以通过英语中形式手段的应用来合译为简单句、并列句或复合句，进行语义连贯的缩译。接下来就这种情况举例加以说明。

汉语的几个句子在译成英文时，可以通过在英语中增添相应的连接成分，或将其中一个句子转换成一个修饰词（副词或形容词）并移到另一句之中起修饰作用，或者可将一个汉语句子缩成一个英语名词性词组来充当另一个句中的语法成分，等等。以此来合译为英语中的一个简单句。

【示例】复合圆锥式破碎机本体均为铸钢结构。重载部位高应力点设置有加强筋。

The main frame of the Compound Cone Crusher is cast steel structure, with stiffener set on the high stress point of heavy load parts.

第二句话"重载部位高应力点设置有加强筋"中的"重载部位"指的是"复合圆锥式破碎机本体"的"重载部位"。因此,译成英文时,可将第一句处理成一个句子,而第二句译成由"with"引导的短语,紧随其后,将两个汉语句子合译为一个英文中的简单句,不仅句意明确,而且符合英文的表达习惯。

【示例】排料室既可用金属也可用木头制作。排料室应留有检查门,供人员进入排料室内部清扫和检查用。

It (discharge chamber) can be made of metal or wood, with an inspection panel set for workers to do some cleaning and inspection work inside the Crusher.

原文中两个句子里都出现了"排料室",而且两句话均对"排料口"进行了相关的介绍。因此,英译时,可将其中一个句子译为一个英文句子,另一句话以一个"with"引导的短语跟在其后,合译成一个英文简单句,既简化了句式,又如实的传达了原文之意。

(二) 句子翻译技巧

1. 被动句的翻译

被动句在人们平时生活中用到的较少,不易引起人们的注意,学生在学习时常常借助英语的被动句,将两者同等对待,视为同一种含义,就连一些教师也把两者对等起来给学生讲解。殊不知,这两种语言的被动句有者各自的特点及使用条件。

在汉语中人们常用主动式、人称主语和意念被动句的表达法,这与汉民族的文化特点有着密切的关系,汉民族注重主体思维,描述客观事物时常常是从自我出发,主观性比较强。在一句话中,往往是施事者比受事者更加重要。比如:"他给我买了一双鞋。"在这句话中,"他"是施事者,"我"是受事者。把施事者放在句首,提起注意,说明施事者处在比受事者更高的地位上。在我们平时的表达中,不会说成:"我被他买了一双鞋。"

而在英语中,被动句是一种常见的表达方式。英语使用被动式或者过去分词的情况较多,除了避免或无须提及主动者等原因外,还有一个重要原因,就是使词语容易承上启下,容易转折衔接,以便挂上种种修饰语或其他成分,这与英语的造句法有着很大的关系。尤其在科技英语和新闻报道中,被动式和过去分词使用的频率更大。因为科技文所阐述的对象主要是事物,而非人,用被动句则更加客观实际;同时,新闻报道的要求是要客观地陈述事实,因此,更适宜用被动句式。

在讲"被"字句时，将汉语的"被"字句与英语的被动句进行比较，不难发现，有很多句子在英语中都能由主动句式转换成被动句式，但是在汉语中却不能转换成"被"字句。

【示例】Mrs. Li teaches this class. → This class is taught by Mrs. Li.

李老师教这个班。转换成：这个班被李老师教。

【示例】He gave Lily a ring. → Lily was given a ring by him.

他送给莉莉一枚戒指。转换成：莉莉被他送了一枚戒指。

由以上两例可以看出，汉语"被"字句的使用范围较之英语的被动句式要小得多，且表示被动意义的动词没有任何形态上的变化，只是在动词前加个"被"字（或"遭""叫""让""挨"）。"被"字句常常带有贬义色彩，用来表达受事者遇到的不愉快的事，有时候也表达褒义，但很少用来表达中性意义。因此，"被"字句的使用范围就相当有限了，很多被动意义都要用主动形式表达。

【示例】It has been done.

这件事已经做了。（一般不说"这件事已经被做了。"）

【示例】It has been well done.

这件事做得很好。（一般不说"这件事已经被做得很好了。"）

【示例】It has been badly done.

这件事做得不好。

可以看出，表达这三种意义时，英语都可以用被动式，但是在汉语中，前两种意义一般都用主动式，只有第三种意义可用被动式，用"被"字句表达。

另外，英语被动意义的表达形式有很多，因为动词有丰富严格的词形变化。如：有谓语动词多种时态的被动式，非谓语动词的被动式，双重被动式等。然而在译成汉语时，大多数就都只能变成主动式了。具体办法可以通过更换主语、补充主语、省略主语或采用无主句等，也可保留原句主语，将被动意义隐含于字里行间。

【示例】The date is expected to be announced soon.

估计日期不久就会宣布。

【示例】You'll find the topic being discussed everywhere.

你会发现到处都在讨论这个话题。

然而，在中文中用主动形式表示被动意义用法，在英语里却很少见。

【示例】椅子已经修好了。

This chair has been repaired.

【示例】街道两旁种着树。

The street is lined with trees.

英语只有少量主动形式表被动的用法：

【示例】These products sell well.

这些产品很畅销。

【示例】This plan is working on.

这个计划正在制订中。

通过对比，将英汉被动句的特点以及使用条件清晰地展现在学生面前，不仅容易讲解，对比清晰，使学生更容易掌握汉语被动句的特点与"被"字句的使用条件，能在运用时更加灵活。

2. 从句的翻译

在英语书面语中，很多句子都是复合句。与并列句不同的是，复合句中的各部分并非同等重要，其中总有一个独立小句（或称为"主句"），和一个或一个以上的从属小句（或称为从句）。因此，在英汉翻译时，合译为复合句就会出现两种情况。一种是主句带一个从句；另一种为主句带多个从句。但是在英译时，主句和从句的选择上需忠实于源文，即谁主、谁次要根据汉语源文中句间的关系来定，不能随意进行选择。下面将就两种情况，分别单独举例说明。

（1）合译为主句带一个从句

如若两个或多个有着逻辑、语义相关联的汉语句子转译成英文时，无法将之合译为英语中的一个简单句或并列句，则可处理为复合句。现在就主句带一个从句的情况，辅以以下例句来简要说明。

【示例】使用吊车时，一定要在吊车的额定负荷下工作。吊车的安全额定负荷包括吊钩、滑轮组、悬挂装置（如钢丝绳、吊具等）的重量。

When the hoisting machine is used, it must work under its safety rated load, including the weights of lifting hook, block pulley and suspension device (such as steel wire rope, slings for lifting loads and so on).

原文中第一个复合句中提到了"吊车的额定负荷"，紧接着第二句话就列出了"吊车的安全额定负荷"所包含的具体内容。因此，英译时，可将第一个复合句中，第一小句顺势译成由"when"引导的时间状语从句，第二小句译成一个完整的英语句子，作而第二句话则处理成由"including"引导的一个短语，紧跟在完整的英语句子之后。这样，包含两个句子的原文即被译成了英语中的一个主从复合句，包含一个主句和一个时间状语从句。

【示例】整个说明书用一些固定的术语来阐述破碎机及其操作。为了避免误解和混淆，对这些术语做如下定义。

As some fixed terms in this instruction book are used to explain the Crusher and its operation, to avoid misunderstanding and confusion, we define them as follows.

原文两个句子间存在着因果关系：因为"整个说明书用一些固定的术语来阐述破碎机及其操作"，所以"为了避免误解和混淆"才"对这些术语做如下定义"。英译时，可将汉语原文合译成包含一个原因状语从句的复合句；第一句处理为由"as"引导的原因状语从句，"对这些术语做如下定义"作为复合句中的主句，"为了避免误解和混淆"则处理成一个由"to"引导的目的短语。

【示例】在破碎机的顶部应装有一个适当结构的给料装置。破碎机能否获得最高效率直接取决于给料装置。

A feeding device of suitable structure should be set on the top of the Crusher, because the Crusher's peak efficiency rests directly with it.

汉语原文由两个句子组成。两句间有着因果关系：为什么要"在破碎机的顶部装一个适当结构的给料装置"的原因是"破碎机"的效率"直接取决于给料装置。"因此，英译时可将第一句译成一个英语句子，第二句话处理成由"because"引导的原因状语从句，跟在第一句之后。经过这样的翻译，原文即被合译成为一个主从复合句，包含一个主句和一个从句。

（2）合译为主句带多个从句

英语复合句中，一个主句带多个从句的情况又可分为两大类：一类为一个主句带两个以上的从句；另一类为一个主句带一个从句，但是该从句中却包含一个或者多个从句，属于从句套从句的情况。因此，几个汉语句子根据它们之间的关系，可以合译成上述两种情况中的任何一种。

【示例】破碎机运转期间，不得把手或脚放在破碎机的弹簧上。在破碎机发生过铁（超载）时，这些弹簧会起到保护破碎机的作用。

Do not put your hands or feet on the Crusher's springs while it is operating. because springs can protect the Crusher in the case of overload.

　　原文由两个汉语复合句组成，第一个复合句中陈述了一个事实情况，告知使用者在"破碎机运转期间，不得把手或脚放在破碎机的弹簧上"，其原因是因为"在破碎机发生过重（超载）时，这些弹簧会起到保护破碎机的作用"。两个句子间存在着因果关系，因此可以将两个句子合译成一个英语复合句：把"不得……弹簧上"处理为合译成的英语复合句中的主句，"破碎机运转期间"译为一个由"while"引导的时间状语从句；原文中第二个复合句则译成一个由"because"引导的时间状语从句。经过如此处理后的英语译文成了一个包含一个主句和两个分句的主从复合句。

　　【示例】如果有可能的话，最好在破碎机的前面设置一台筛子，以便从破碎的物料中筛去细料和黏性物料。这样，就可以避免因物料夯实而造成排矿口堵塞和弹簧过分压缩。

If it is possible, it would be better to set a sifter in front of the Crusher to sieve out fine and sticky materials, through which the blocking of discharge gate and excessive compress of springs can be avoided as a result of materials' tamping.

　　汉语原文由两个句子构成，第一个复合句中，第一个小句表假设、条件，第三个小句道明了第二个小句中"设置一台筛子"的目的，而在第二个句子中，总结了设置筛子能够起到的作用。原文各句间关系非常清晰。英译时可将其处理成一个主从复合句；将第一个复合句中的第一小句相应地处理为英文当中的条件状语从句，第三小句译为一个带"to"的目的状语紧接在第二小句后，第二小句译成一个英语句子，做主从复合句中的主句。第二个句子则译成一个由"which"引导的非限制性定语从句，紧跟在目的状语后。英文译句即成了一个包含一个主句，和两个分句的主从复合句。

3.长句的翻译

　　英语是印欧语系，汉语是汉藏语系，两种语言属于不同的语言机制，这就决定了两种语言必然有其各自的特点。从语言学角度上说，英语重形合，汉语重意合，英语句法结构呈葡萄型，而汉语呈竹节状，英语是聚合型语言，而汉语是流散型语言，英语是修饰成分可放在前、中、后，并且大部分放在后面，位置比较灵活，而汉语修饰语则通常放在所修饰的词的前面。英语通常先强调结果，后说原因，汉语则强调一定的时间与空间顺序，通常先说原因后说结果。

英语长句首先是修饰语后置，也就意味着可以无限延伸，其次是其联合成分较多，最后句子结构又比较复杂，这使得英语句子比较长。英汉两种语言句法特征的不同意味着进行英汉互译时，要做相应的调整，以使译入语更加标准、地道，从而更容易被读者所接受。

（1）顺译法

如果英语长句是按照一定的时间顺序或是逻辑关系，并且它的表达与汉语的表达习惯基本吻合，那么在翻译过程中，就可以按照原句的顺序来进行，无需改变原句的顺序，这就叫作顺译法。例如，对《1963年爱尔兰商标法》进行翻译发现，其中的部分长句如同汉语的句子一样，按照时间顺序或逻辑关系构建，因此在翻译过程中多采用顺译法。

【示例】①Whenever the last day fixed by this Act for doing anything under this Act falls on a day which is specified by the rules as an excluded day，②the rules may provide ③that the thing may be done on the next subsequent day ④which is not specified by the rules as an excluded day.

根据本法，若所规定的允许某行为的截止时间是其细则规定之外的一天，则该细则可规定该事项在接下来的这天实施。前提是接下来的这天并不在该细则规定之外。对于上面的长句，我们首先对句子结构进行分析，①是 whenever 引导的时间状语从句，②是该长句的主句部分，③是 that 引导的宾语从句，④是 which 引导的定语从句修饰先行词 the next subsequent day。从①②③④可以看出该长句是按照一定的逻辑关系组建，条件状语位于句前，可能产生的结果置后，这一点也符合汉语的表达习惯，所以在分清句子的逻辑关系后，我们发现该句完全可以按照原文的顺序进行逐层翻译，即顺译法。在顺译过程中，关键是要理清逻辑，弄清各修饰成分之间的关系，处理好各修饰语，然后再加以润色。在润色的过程中，为了使翻译更容易被读者所接受，要符合汉语的表达习惯。在这句话中，显然英文倾向于形合，句子结构比较紧凑，而汉语多强调意合，句子结构比较松散，而且没有固定的句子结构，而是靠句子间内在意思的连接，前面的句子和后面的句子没有连接词进行衔接，在翻译时要根据英语句子中的长句进行断句，在该句的汉译过程中通过三个逗号隔开，从而符合汉语的流散型特征，最后完成一个完整的句意表达。

（2）逆译法

逆译法是英语中的行文习惯或者表达顺序与汉语的表达习惯刚好相反，那么在这种情况下，采用逆译法。在英语长句中，句子的形合特征决定了主干先出现，然后再分别呈现出句子的修饰成分，如条件、原因、让步、时间等等。长句中的主要信息先出现，而次要信息则置后，这与汉语的意合表达刚好相反，汉语是按照事情的起转承合构建句子，先由于某种原因才导致了一定的结果，即先因后果，体现了汉语句法的意合特征。因此对这类句子的翻译又需结合英语长句的后续性与汉语的前置性特点，做相应调整，并根据原文的句子顺序，在翻译成汉语时做适当的调整，改变全部或某一部分的语序，或改变部分表达结构。

【示例】It shall not be lawful to register as a trade mark or part of a trade mark any matter the use of which would, by reason of its being likely to deceive or cause confusion or other WISC, be disentitled to protection in a court of law, or would be contrary to law or morality, or any scandalous design.

为了欺骗他人或引起混淆或其他不当行为，将任何使用时会丧失法院保护的权利、或与法律和道德背道而驰的事物，或是任何不道德的图谋进行商标注册或某个部分的商标注册，均属违法。

首先，这句话的主句是It shall not be lawful to register as a trade mark or part of a trade mark，其中it是形式主语，谓语是shall not be lawful，to后面的不定式是真正的主语，which引导的定语从句修饰any matter，从句主语是the use of which，谓语是would be disentitled，中间又接原因状语by reason of its being likely to deceive or cause confusion or otherwise。在翻译时，因为英语表达通常是先说结果，再说原因。根据汉语的逻辑表达，采用逆译法，先说原因，再说结果。

其次，分析英语句子结构发现，英语句子中有of which引导的定语从句，原因状语by reason of 被动结构be disentitled以及连词or引导的并列从句，这些都说明了英语句子的葡萄型句法结构，而在翻译成汉语时，则要进行拆分，根据汉语的表达顺序，即先有因再有果的这种表达顺序，因此，需要将这种葡萄型结构的句子译成符合中文表达的竹节型结构。

（3）分译法

由于英语长句的形合特征，决定了其句法结构呈聚合型，即句子环环相扣，特别是法律英语为确保其准确性与严谨性，于是很多信息就同时放入一个句子中。当法律英语长句的主要内容和次要内容之间以及各次要内容之间的关系不是很紧密时，可以将其内容分别独立开来，采取分译的方法，即将原句译成相应的短句，这也符合汉语的流散型句法特征。在进行拆分时，为了确保汉语句子的通顺连贯，则需要根据上下文语境增添一些连接词语或者调整短句的句序，以符合汉语的流散型的表达习惯。

【示例】① Provided that the Controller may cause an application to be advertised before acceptance in any case where it appears to him that it is expedient by reason of any exceptional circumstances so to do, ② and where an application has been so advertised, ③ the Controller may, if he thinks fit, advertise it again when it has been accepted but shall not be bound so to do.

如果在批准该申请前，在一些例外的情况下有这样的先例，凡注册局长认为这只是权宜之计，可以先使得该商标公布于众，并且公布后，局长在符合事宜的情况下，可以在批准该申请后再一次进行公布，但是也不一定必须这样做。

分析可以得知①②是两个并列的条件状语从句，和③并没有非常紧密的逻辑关系，所以在翻译时，可以将其拆开，也就是拆译法。本句的难点在于对①的翻译，其中①条件中又包含一个 where 引导的条件句和 that 引导的宾语从句，英语中长句的表达符合形合的特点，所以句子结构非常紧凑，而汉语句子结构则比较松散，因此该句在翻译成汉语时，要根据汉语的逻辑将这一长句分成四个短句进行翻译，这样才能够通俗易懂，并且符合汉语的流散句的特征。③是句子的主干部分，在翻译时为了使句子符合汉语表达，需要对语序进行适当的调整。

（4）综译法

综译法是指在翻译过程中同时使用多种翻译方法，比如一部分采用顺译法，另一部分则需调整语序采用逆译法，还有一部分使用分译法，独立成句。综译法在《1963 年爱尔兰商标法》的汉译中是最常用的翻译方法。因此在大多数长句的翻译中，根据情况，没有绝对的采取顺译法或者逆译法，而是采取综译法，也就是说对于有的长句，译者既使用了顺译法，也使用了逆译法与分译法，最后翻译出既忠实于原文又符合汉语表达习惯的通顺、流畅的译文。

【示例】① The use of a registered trade mark, ② being one of two or more registered trademarks that are identical or nearly resemble each other, ③ in exercise of the night to the use of that trade mark given by registration as aforesaid, ④ shall not be deemed to be an infringement of the right so given to the use of any other of those trade marks.

商标使用者行使注册所获得的商标专有权时，使用两个及以上相同或近似的注册商标之一，不得视为对其中其他商标使用权的侵犯。

首先分析这句话的主语是 the use of a registered trade mark shall not being one of two or more registered trade marks that are identical or needly resemble each other 是条件状语 that 引导定语从句，修饰限制 one of two or more registered TMDE marks，此可译为：使用两个及以上相同或近似的注册商标之一；in exercise of the night to the use of that trade mark given by registration as aforesaid 是方式状语，其中 given by registration as aforesaid 为过去分词做后置定语，可译为：商标使用者行使注册所获得的商标专有权时。在翻译时应先译状语成分，这是由于汉语中的修饰语通常放在前面，而英语中的修饰语通常位置比较灵活，可放前面也可以放后面，这是两种语言的前置性与后续性特点所决定的，所以最后的语序应当是③①②④。

总之，对于法律英语中长句的汉译，首先要分析清楚句子的语法结构，也就是弄清句子的主干，然后再进一步理清句子的逻辑关系，同时根据汉语的表达习惯，处理各修饰语，最后对句子语序做相应的调整，对照原文再加以润色。对于商标法的翻译，因里面涉及语音的准确性，所以在翻译时更应当字斟句酌。

第四节　篇章对比及翻译

一、英汉篇章特点及差异

（一）英汉篇章特点

1.语义的连贯性

"完整语义"的语篇必须是一个语义单位，应合乎语法，语义连贯，应有一个论题结构或逻辑结构，句子之间有一定的逻辑关系。语篇中的话段或句子都是在这一结构基础上组合起来的。一个语义连贯的语篇必须具有语篇特征，它所表达的是整体意义。语篇中的各个成分应是连贯的，而不是彼此无关的。

【示例】昨天你去市场干什么了？我去市场买西瓜。

上述示例中一问一答从语义上看，是连贯的，因而具有语篇特征。

【示例】今天你去医院干什么？他的哥哥是个运动员。

上述示例中答句非所问，因而不具有语篇特征，不是语篇。

【示例】Fishing is Mark's favorites port. She often waits for her sister for hours. But this is not my watch.

上述示例中三个分句虽然语法正确，但它们之间缺乏语义连贯，无法形成表达一定意义的整体，也就无法形成语篇。

【示例】Fishing is Mark's favorites port. He often fishes for hours without catching anything. But this does not worry him.

上述示例中三个句子衔接连贯，构成语篇。

2. 衔接手段相同

衔接是将语句聚合在一起的语法及词汇手段的统称，是语篇表层的可见语言现象。从语篇的生成过程来看是组句成篇必不可少的条件，从业已生成的语篇来看是语篇的重要调整之一。在英汉两种语言中，语义的连贯都要靠种种衔接手段，即语篇组织。

3. 连贯和隐性连贯

以上衔接与连贯框架中的五个层次，还可分为显性与隐性两种情况：显性是体现于词汇、语法、结构等语言表层形式的，隐性则有赖于语境和语用因素蕴含的连贯。衔接是连贯的外在形式，连贯是衔接的内在意义，两者统一（显性连贯）又不统一，即并非有衔接就是真正连贯的语篇，无衔接的也可能是真正连贯的语篇（隐性连贯）。总之，语义连贯是语篇的实质，种种有形的衔接是其组织形式。单有衔接而无连贯不是语篇，两者皆备是显性连贯，有连贯而无衔接是隐性连贯。

4. 思维的逻辑性

连贯的语篇是思维连贯性的语言表现，而思维的连贯性就是思维的逻辑性，这是人类理智的共同特征和功能，是人与人之间的交流沟通，是双语互译的根本保证。缺乏逻辑性或违背逻辑的任何语言符号既无意义，也产生不了真正的语言交际。因此，可以这样说，形成语篇的根本是逻辑，理解语篇的根本也是逻辑，一切语篇无不深藏着思维的逻辑。自然语言丰富多彩，种种语言变化无穷的语篇，之所以具有共性和相通性，关键就在于逻辑的普遍性。明确这一点乃是分析语篇、理解语篇的基础，也是英汉语篇对比的基础。也只有明确这一点，才会明白，语义相同的语篇，其衔接与连贯的不同只是语言形式上的，只有把握其内在逻辑的一致，才能保证语义内容的忠实传达。

5. 文体的多样性

自然语言的千差万别，可以归为文体、体裁、语体和风格的不同。包括口头与书面、正式与非正式、不同语域和区域性的语体分别，不同时代的文风差异，诗歌、散文、小说、论述、应用等各具特色的体裁划分，因人而异的不同风格。如此多的文体多样性在英汉语言中同样存在，它们的分类也大体相同，而各种分类都能在译语中找到相对应的形式。

（二）英汉篇章的基本差异

英汉语篇的基本差异有内在的思维和外在的衔接与连贯两个方面，内外相互影响，又相互独立。但一般说来，思维层面的差异是决定性因素。

英汉语分别呈现直线形与螺旋式的特征，这从根本上讲是中西方各自重综合与重分析的思维习惯的体现。所谓直线形，就是先表达出中心思想，然后由此展开，后面的意思都由前面的语句自然引出。英语长句"叠床架屋"式的结构最典型地表明了这种思维逻辑。

【示例】But I would like to do the same with the acclaim too, by using this moment as a pinnacle from which I might be listened to by the young men and women already dedicated to the same anguish and travial, among whom is already that one who will some day stand here where I am standing.

对于人们给予我的赞扬，我也想做出同样的回报：借此国际学界的最高盛会，请业已献身于同样艰苦劳作的男女青年听我说几句话，因为在他们中间，将来站在我现在所站的讲台上的人已经产生了。

汉语的螺旋式是以"起、承、转、合"为典型的，它先宣称主题之重要，然后展开反复的论述，最后回归到主题并对它再三强调。其根本特征显然是重复，乃至不厌其烦地强调，即词语和结构的复现与叠加，简短的语篇也常见这种现象。英汉语篇思维逻辑的差异造成两种语言语篇衔接与连贯方式的不同。

在语言构思方式和语言组织方式上，英语呈现形合特征而汉语呈现意合特征。形合和意合的区别就是语篇连贯的隐显不同。英语形合指英语必须含有体现词汇语法的显性衔接，也就是从语言形式上把词语句子结合成语篇整体。而汉语的意合则无须借助词汇语法的衔接手段，仅靠词语和句子内涵意义的逻辑联系或靠各种语境和语用因素，便能构成连贯的语篇。因此，英汉互译时，便常见隐显不一的情况。

【示例】When it came out in a newspaper interview that I said Nixon should resign, that he was a crook, oh dear, that fur flew.

在一次记者采访时我说了尼克松应该辞职，他是坏蛋的话。这一谈话在报纸上一披露，啊呀不得了啦，立刻就翻了天。

【示例】骨折，打了石膏夹板，坐不了车子，只好在村里养着，我去看他，聊天儿，把别的知青偷的鸡送给他吃——老知青经常偷老乡的鸡，打老乡的狗，做好了送一些给我。

【示例】The bone was broken and he had it in plaster, therefore, he couldn't even take the bus, he just had to sit in the village waiting for it to get better. I used to go to see him for a chat. Sometimes I would take him some chicken or some dog meat which they stole from the peasants and cooked for themselves.

英汉语篇的差异还体现在两种语言在思维上存在客体意识和主体意识的差别。中国人讲究天人合一、万物皆备于我，所以，凡事凡物皆有很强的主体参与意识，语言表现多以"人"为主语。西方因注重个体思维，重理性的分析而执着于主客体分离和区别，所以，一方面以"人"这个主体为主语，但另一方面更多地持客观审视的态度，以事物为主语，对之进行客观、冷静的剖析和描述，这就造成了英汉语篇主语或重心的差异。

【示例】It has been mentioned that Rebecca, soon after her arrival in Paris, took a very smart and leading position in the society of that capital, and was welcomed at some of the most distinguished houses of the restored French nobility.

我曾经说过，利蓓加一到了法国首都巴黎，便出入上流社会，追逐时髦，出尽风头，连好些光复后的王亲国戚都和她来往。

【示例】近年来热情的读者纷纷致函各地方报纸，对北京的城市建设提出种种建议。

【示例】In recent years local newspapers have been sprinkled with passionate letters advising various suggestions on the urban construction of Beijing.

二、英汉篇章对比及翻译

（一）英汉篇章连贯对比及翻译

1.英汉语段连贯性语法功能对比

为使语段连贯、通顺，英语和汉语都可以通过各种手段来使句子在叙述中心思想时合乎逻辑地、连贯地展开，主要的语法手段有：采用过渡性词语、重复关键性词语和使用过渡句、排列语序。

（1）英汉过渡性词语使用对比

英语过渡性词语（transitional expressions），也有人称话语标志（discourse markers），常用于句首，以便和前面的句子相连接，但也可用于句中，尤其是用于较长的复杂句中，达到以多种方式沟通和建立前后句子间意义上的联系。汉语过渡词语表示句子间关系的过渡，使上句和下句内容转折跳跃不大。正确使用过渡词，可以使语段丝丝入扣，寥寥几个起桥梁作用的过渡词，使语段形成连贯完整的统一体。英语和汉语在过渡性词语的分类上存在明显的不同。

【示例】Cars and bicycles are similar in that they are both privately owned means of transport In other words, they have in common the fact that the owner can decide when and where to go. However, there are a lot of differences between them. A car costs a lot more to buy than a bicycle. In adition, it is far more expensive to run. A car use petrol, which is expensive, whereas a bicycle uses only human energy. On the other hand, as far as comfort is concerned, a car is better than a bicycle. Besides, it is faster. With respect to convenience, it is difficult to say which one is better. A bicycle is certainly easier to park! To sum up, each one has its advantages and disadvantages.

在上述语段中，用"in other words"引出说明，第一次用"however"引出的转折，是由汽车和自行车的共性向他们的个性方面的转折，第二次用"on the other hand"引出的转折，则是在谈两者的个性时由自行车优于汽车向汽车优于自行车方面的转折；最后用"to sum up"托出结论性收尾。其次，在表示递进关系时，在表示自行车优于汽车中用了"in addition"，而在汽车优于自行车中则用了"besides"。在引出比较方面时，前一段用了"whereas"，后一段先是用"as far as……be concerned"，再用"with respect to"。

如果我们去掉了划线的过渡性词语，又有谁会理解此语段的层次和主旨呢？

【示例】掌柜是一副凶脸孔，主顾也没有好声气，教人活泼不得；只有孔乙己到店，才可以笑几声，所以至今还记得。

语段中，"也"引出了并列关系，"只…才"引出了条件关系，"所以"引出的是因果关系，层次明晰，表达连贯，突出了作者营造的语境。

（2）英语重复关键词语和汉语过渡句使用对比

重复前文的关键词语（repetition of key words）不仅能加强语气，重点突出，而且使语段浑然一体，连贯有序，如行云流水。另外，重复关键词语还有助于读者记起段落的主题，起到强化主题的作用。汉语使用过渡句，承上启下，与英语重复关键词语有异曲同工之效。

【示例】Environmental pollution is a term that refers to all the ways that man pollutes his surroundings. Man dirties the air with gases and smokes, poisons the water with chemicals. Man also pollutes his surroundings in various other ways.

【示例】许多青年同志喜欢读诗，也喜欢写诗。不管为了读诗或写诗，都不应该忘记我国诗歌的优良传统，我们自然会想起唐诗，寻找这个诗歌的艺术宝藏。

分析："不应该忘记我国诗歌的优良传统"与"我们自然会想起唐诗"衔接不上，考虑上下文语境，按原文的逻辑关系选择适当的过渡句，如果加上"一谈到诗"，文气就连贯流畅了。汉语句与句之间可以靠意义来实现衔接，但有时过渡句是必不可少的。

（3）英汉语序排列对比

为保证语段叙述连贯性，英语写作中有时还要按时间、空间、个别到一般、重要性递增等顺序安排好主题句以外的说明中心思想的其他句子（sentence sequence）。汉语中，句子之间的次序排列是否妥当也会影响句子意义的表达和语段的连贯。

【示例】Without planning, land would be used for the purpose which would give the biggest profit. No one would think of using land in the center of cities for parks, schools and hospitals. There would be nothing to prevent old but beautiful buildings being destroyed to make room for roads and factories. Town planning is essential to balance the needs of the community.

这是按照个别到一般的顺序安排语段的。目的是引起读者对情况发展结局的关心，先列出细节材料"土地使用"，然后一步步引向最后的结论，这结论就是具有概括意义的主题句"城市规划的必要性"。

【示例】火生起来，炉子烧得通红。上头坐着一饭盒饭，盒盖上刻着禹龙大字样。

这句话从"火"说到"炉子"，再说到"上头"的"一饭盒饭"，再说到"盒盖上"刻的字，句子之间的关系，是凭语序来表示的，如果颠倒任何一句，都会引起混乱。

2. 英汉语段连贯性语用上的差异性

英汉语段连贯性从语法功能上看，英语和汉语语段连贯性采用的手段和方式十分相似，都是通过一定的连接手段，达到语段连贯通顺，但英汉语段之间在语用上存在明显的"异质性特征"。汉语有形合，也有意合，但重意合。所以英语和汉语在语段衔接方面很多时候存在着不一致的地方。在总体安排上，汉语形散，英语形聚。汉语在表达思想时采取的思维是语言直接外化的方式，和英语采取间接的方式不同。

3. 冲出文化误读的重围

文学翻译中的文化误读集中体现了人类文化交流中的阻滞点和冲突之处。它的产生给民族文学的传播与发展带来了一定程度上的阻碍与破坏作用。那么如何才能冲出文化误读的重围呢？

文学翻译的根本目标就是为了增进各个民族之间的理解，实现不同文化之间的交流。因此，在文化融合的宏观环境下，"语言的归化，文化的异化的统一"就成了决定文学译本在译语环境里"能否具有旺盛生命力的关键策略"。从语言层面上来讲，不同的语言都具有不同的信息表达方式。由于语言形式本身所具有的稳定性，应采取语言上的归化策略来进行翻译。从文化层面上来讲，在一部文学作品里，语言是骨骼，文化是灵魂。在翻译原文文本所蕴含的文化信息时，忠实地传递原语文化意象是译者应尽的职责。茅盾认为，一个好的翻译者应该"使译文既是纯粹的祖国语言，而又忠实地传达原作的内容与风格"。两者的并存结合是具有可行性的。文学翻译过程中，文化误读的总体解决策略也就应该以实现"语言的归化，文化的异化的统一"为目标。

总之，只有科学分析并正确处理文化误读这一客观现象，才能实现文学翻译的最终目标，推动各民族之间的文化交流与传播。

（二）英汉篇章衔接对比及翻译

语篇衔接手段大致可分为语法衔接和词汇衔接两类。语法衔接手段包括照应、省略、替代和连接。词汇手段则包括词汇重述，同义词、上义词和搭配等。英汉两种语言在词汇衔接手段上差异不是很大，相同之处多于相异之处。但是在语法手段方面，多有差异。

1. 英汉语法衔接

语法连接指借助构造句子的语法手段，即标示词语之间结构关系的因素来实现语篇的衔接和连贯。这些因素可以是具有语法功能的词语，也可以是词语的特定语法形式，还可以是无特定词语的纯结构形式。

第一，英语语言的语法连接具有明显的显性连贯，而汉语的语法连接接近于隐性连贯。英语的显性连贯借助于形态变化和形式词，明显地标明词、词语之间、短语之间或小句之间的语法关系。形态变化包括起构词作用的构词形态和表达语法意义的构形形态。英语有形态变化，汉语却没有严格意义的形态变化。英语中的形式词指用来表示词语间、句子中小句间和语段中句子间关系的起连接作用的词。英语中起连接手段和形式的词不仅数量大，种类多，而且使用频繁。主要的连接手段和形式有介词、冠词、关系词（包括关系代词和关系副词）、连接词（包括并列连接词和从属连接词）和其他连接手段，如 it 和 there。汉语造句更注重隐性连贯，以意统形，少用甚至不用形式手段，靠词语与句子本身意义上的连贯与逻辑顺序而实现的连接。

【示例】He boasts that a slave is free the moment his feet touch British soil and he sells the children of the poor at six years of age to work under the lash in the factories, for sixteen hours a day.

【示例】他夸口说一个奴隶从他的脚踏上英国土地的那一刻起就是自由的，但他却把穷人家 6 岁大的孩子们卖到工厂在皮鞭下干活，一天要劳作 16 个小时。

第二，英汉两种语言在语法连接手段上，都用语法手段，但各自所采用的具体方式却有所不同。例如，英语的时体形式，在翻译时汉语要用替代方式。

由于英汉语篇在语法衔接手段上存在的差异，在英汉翻译时就需要恰当地进行语法连接手段的转换。英语（或汉语）用某种语法连接方式，翻译成汉语（或英语）则要靠词汇手段、逻辑手段或隐性连贯之类。

2. 英汉词汇衔接

词汇衔接指的是语篇中出现的一部分词汇相互之间在语义上的联系，或重复，或由其他词语替代。词汇衔接是运用词语达到语篇衔接的目的，它包括语义的重复再现和各种指称关系。英汉语篇的词汇衔接手段不仅总的具体方式可以说完全相同，而且几乎都能够对应照译，特别是在语义重复方面。但也有不一致的地方，在指称照应方面，不同要多些。

语义重复指运用同义词、近义词、上义词、下义词、概括词等所构成的词汇链。它包括完全相同的语义词汇的直接重复，具有各种语义关系的词的同现以及具有因果、修饰等组合搭配关系的词的同现。

【示例】The recovery of organs does not begin until after the heart stops beating and death is certified by a physician not affiliated with the transplant program.

器官的复原，应在心脏停止跳动，死亡已被与器官移植无关的医生证明之后，才能进行。

指称照应是语篇衔接的重要手段，它涉及人、物、事、时间、地点和词语等一切方面，既有对外部现实世界的外指，又有对语篇内语言要素的内指，既有回指又有下指。指称照应是为了语篇上下文的照应，形成一个照应性的系统，即一个意义完整、有机统一的语篇。英汉语在指称照应上的差异主要体现在人称指称和指示指称上。就英汉翻译而言，人称指称和指示指称是最具实践和理论价值的语篇现象。

3. 英汉逻辑衔接

逻辑连接的差异是语篇内深层次的最普遍的连接，它是保证语篇的必备条件之一。逻辑连接也有显性与隐性之分。显性逻辑连接指使用了 and，but，then，for 等连接语的衔接，而隐性逻辑连接则指那些不使用连接语而靠语用、语境等实现的连接。就英汉语比较而言，逻辑关系总的来说是英汉相通的，即时空、因果、转折和表示相类同的推延等基本的逻辑关系是一致的。但是英汉语的逻辑关系有时也有差异，如英语的时空关系，汉译时常改为因果关系，反之亦然。总的说来，由于英汉连接语的差异和逻辑关系显性与隐性的差异，英汉翻译时，译者应选择正确的逻辑连接词或语，或隐或显，以使译文符合译语的表达习惯。

【示例】Where there is a will, there is a way.
有志者事竟成。

【示例】She is going to spend the summer in shanghai, where she has some friends.

她打算到上海去过夏天，因为那里她有一些朋友。

三、篇章翻译策略

（一）合理使用衔接

衔接与连贯是篇章的两个最基本属性。衔接是产生篇章的必要不充分条件，语篇衔接的好坏与否对目的语读者是否能接受并理解译文有着直接影响。汉语作为一种意合语言，很多时候不会借助明显的衔接手段来实现上下文间的连贯。相比英语，汉语的句法更为松散。句子结构更灵活，但句与句、段与段之间的逻辑关系十分清楚，读者可以凭自己的常识、知识等较好地理解篇章。相比较而言，英语作为一种形合语言，主要还是通过显性衔接手段实现篇章连贯，因此英语在谋篇布局时经常要借助显性连接手段，语篇在形式上更为严谨，在句法上更注重体现逻辑关系。在具体翻译实践中，译者可以通过合理运用衔接词语和语法衔接两种手段实现篇章连贯。

1. 运用词语衔接

通过添加代表明确逻辑关系的衔接词语，表明两层信息之间的并列。转折、因果、递进等关系。体现汉语中的隐含逻辑关系。可以使译文上下文联系更紧密，篇章更连贯。

【示例】But when a company is the pioneer, the vanguard, the top dog, the crown jewel, it is hard to look in the mirror and tell itself it is in a not-so-quiet crisis and better start to make a new history or become history. Gerstner decided that he would be that mirror.

然而，当一个公司在其所在领域处于"王者"的位置时，很难劝说它去自省，并让它相信，现状不会永恒。摆在它面前有两条路：收起荣耀继续创造新的历史或成为历史。格斯特纳决定自省。

此段中作者使用了大量的比喻手法，"the pioneer, the vanguard, the top dog, the crown jewel"都是"王者"的代名词。因此为了避免重复，将所有的词只译为"王者"。而后面的"better start to make a new history or become history."为使语篇连贯，使其与"王者"对应，增译了"收

起荣耀"一词,这样使文章意思更加饱满,符合原文风格,达到语篇连贯的要求。

2. 运用语法衔接

通过分析句子的成分和逻辑,译者可以通过语法衔接,如从句、分词等手段,将两个或以上信息衔接起来,实现信息的流动。

【示例】So if the flattening of the world is largely (but not entirely) unstoppable, and holds out the potential to be as beneficial to American society as a whole as past market evolution have been, how does an individual get the best out of it? What do we tell our kids?

世界平坦化的范围越来越广(但不是全球性的)且势不可挡,与市场化一样给美国带来了巨大好处。但是个人如何在平坦的世界中得以生存,我们该如何指导我们的孩子呢?

原文是一个用 and 连接的并列句,后半句连接词较多,逻辑关系较复杂,如果按照原文逐字逐句翻译,译文不仅句子结构不美观,而且可读性也差。要使译文被目标语读者接受,就要实现"篇内连贯",按照汉语的语言习惯,理清句子间的关系。所以笔者将后半句中的"holds out the potential to be as beneficial"译为"带来巨大好处","as a whole as past market revolutions have been"则译为"与市场化一样",这样句子简单明了,通俗易懂。

【示例】That is why America, as a whole, will do fine in a flat world with free trade-provided it continues to churn out knowledge workers who are able to produce idea-based goods that can be sold globally and who are able to fill the knowledge jobs that will be created as we not only expand the global economy but connect all the knowledge pools in the world.

这就是为什么美国从总体上讲,能够应对平坦世界中自由贸易体系中带来的挑战。当然前提是美国可以持续不断地大量培养掌握先进知识技术的工人。因为这些工人不仅可以生产出在全球范围内销售的知识产品,且可以胜任由于全球经济扩张和知识汇集所创造出来的新工作岗位。

原文核心句其实只有一句 That is why America, as a whole, will do fine in a flat world with free trade, 其余都是修饰部分 provided it continues to churn out knowledge workers 是一个条件状语从句, 紧跟

着 who are able to……and who are able to……作为两个定语从句修饰 workers。That 引导的定语从句修饰 jobs 句与句间连接词较多，属于显性连贯句。如果按照原文直译，不把连接词去掉，转换成有中文特点的隐性连接，会给译文读者增加阅读难度。译者要照顾到译文读者，明确原文的逻辑关系，去掉一定连接词，把原文断句重组语序，使译文读起来逻辑性强，易于被译入语读者接受。

（二）形成信息流

1. 梳理逻辑关系

要把形散神不散的中文转换成逻辑清晰的英语，尤其是在处理信息量大的中文句子时，译者应先梳理原文成分，理清逻辑关系，挖掘原文隐含的逻辑关系，并在译文中将之显化。在产出译文时，译者可以选择使用长句，运用衔接词和语法手段，根据逻辑关系将一部分信息以修饰、从属等成分表示出来，这样可以使信息更流畅，句子层次也更丰富。

【示例】So the science and engineering generations that followed Jackson's got smaller and smaller relative to our needs.

所以在杰克逊这一代之后，相对于国家的需求来说，理工人才后备力量变得越来越薄弱。

"the science and engineering generations"指的是一类人，根据文章背景译为"理工人才"。因为"followed"后面部分的内容发生在前，翻译时根据汉语的叙事逻辑，按照事件发生的先后顺序处理。"理工人才"是在老一辈人才之后的一辈，如果直译，不仅生硬拗口，而且令人费解。译者认为在这里有必要将"followed"一词译为名词"后备力量"。这样使译文自然流畅，意思明确，不仅增强了文章的可读性，也使逻辑更加清晰，符合目的原则。

【示例】I was head of sales for IBM France at the time. It was the mid-nineties. I told my people that in the old days the concept of lifetime employment was only a company's responsibility, not a personal responsibility. But once we move to a model of employ ability, that becomes a shared responsibility.

那时是 20 世纪 90 年代，我当时是 IBM 在法国的总销售负责人，我告诉我的员工，在过去，终身就业只是公司的责任，个人坐等现成。可是随着我们提出适于雇佣的概念，这就变成了公司与个人双方的责任。

　　文中作者想要讲雇佣的出现使得从前的"终身就业"时代一去不复返，"a company's responsibility"与"a personal responsibility"是作者想要说明时代变化对员工的影响。没有将"a personal responsibility"直译为员工的个人责任，而是译为"个人坐等现成"这样避免语言的平淡，符合汉语读者的语言逻辑，又能简单明了地表达作者的意思。

　　2. 减少主语频繁转换

　　汉语作为形合语言，句式非常灵活，在一个句子，尤其是长句中，可能出现多个主语。这种情况下，中文读者结合自己的背景知识，可以理解原文表达的意思，明白原文的逻辑。但如果在翻译时，译者按照原文的叙述思路走，频繁转换主语，会使得译文有种"东一榔头西一棒子"的感觉，没有侧重点，语篇连贯性也会大打折扣。因此译者在中译英的过程中，碰到原文多个主语的情况下，应理清原文逻辑线，思考各个主语相互间的关系，确定一个最佳主语，并将其他"主语"作为句子的修饰、从属成分。请看下面的例子。

　　【示例】It's not the dream of riches that animates the people of Wroclaw so much as the determination to work hard, sacrifice what needs to be sacrificed and change what needs to be changed to close the gap with the West.

　　与其说是对财富的梦想，不如说是愿意努力工作的决心，愿意做一切必要牺牲的决心，和要改变所有需要改变的做法以缩小与西方差距的决心，这些激励着弗罗茨瓦夫的人们勤奋工作。

　　这个例子是 It 引导的形式主语从句。It 只是形式主语，而真正的主语是 that 后面的部分。使用形式主语的目的就在于避免主语过长而导致整个句子显得头重脚轻的情况。若在翻译中直接将从句作为主语来安排句子，就会违背原文的初衷。英语中主语和谓语是构成句子的必要元素，但是在汉语译文中我们可以处理得灵活一些，将原句拆分为若干个句子，将主语的概念淡化了，避免了头重脚轻的情况。英语句子虽长，但有许多实现其逻辑关系的语言手段，所以英语的信息层次比较清晰。在翻译此句的时候根据原文信息的层次，运用长句分解的技巧来处理这句话。作者否定了"dream of riches"，对第一个 that 后面一系列的事情给予肯定。根据连贯原则，采用了汉语当中的并列句式进行翻译："与其……不如……"。这样增强情感色彩，使语言更生动，更符合汉语习惯。

3.转变叙述视角

中文作为一种意合语言，很多时候不需要主语读者也能明白原文的意思。但英语作为一种形合语言，一般情况下应具备完整的语法结构，即主谓宾。因此，在中文原文没有明确主语的情况下，译者应根据原文的逻辑，选择合适的主语。对原文逻辑和信息的不同解读，可能导致译者选择不同的主语，而不同主语的选择会导致完全不同的句法结构，呈现不同的信息传递效果。在原文有主语的情况下，译者也应当思考该主语是否适合英语语境，是否会对形成信息流造成阻碍，是否还有更好的选择，可以使信息流更流畅。

【示例】In the previous chapters, I showed why both classic economic theory and the inherent strengths of the American economy have convinced me that American individuals have nothing to worry about from a flat world-provided we roll up our sleeves, be ready to compete, get every individual to think about how he or she upgrades his or her educational skills, and keep investing in the secrets of the American sauce. Those chapters were all about what we must do and can do.

在前几章，我指出了为什么古典的经济理论和美国经济内在的强大实力使我相信：如果我们挽起袖子，做好迎接竞争的准备；如果我们每个人都仔细思考如何提高自己的技能和更多地接受教育；如果我们持续不断地对技术革新进行投资，那么美国人就用不着担心世界平坦化的到来。

选取的这段句式较为复杂，其中"that……a flat world-provided"是作者在陈述相信什么事情。而从"we roll up our sleeves……the American sauce"是作者陈述使其相信的条件。如果按照原文语序直译，就会造成一定的误解，而且语内达不到连贯。英语句子虽长，但有许多实现其逻辑关系的语言手段，所以英语的信息层次比较清晰。在翻译此句的时候根据原文信息的层次，运用长句分解的技巧来处理这句话。将此段译为一个条件句。这样不但传达出了原文作者的真实写作意图，也使译文句式工整，读起来朗朗上口。达到了给读者传达准确的原文信息的效果与目的。

（三）培养语境意识

译者在翻译时，应具有语境意识。同样的词语、句子在不同的段落、篇章中会由不同的意义。如果译者缺乏语境意识，总是按照自己的理解发挥，就会导致译文在整体上出现语篇不连贯的情况。译者可以结合上下文以及自己的常识来提升自己的语境意识。

1. 结合上下文分析语境

译者应当在语境中理解信息的真正含义，或者说要结合上下文理解某个词语、某句话真正要表达的意思，然后用合适的英语表达出来原文的含义和逻辑。汉语的多义性和概括性经常会给译者带来挑战。译者应注重培养自己的语境意识，当对某个词语、某句话的理解有疑问时，可结合上下文或者常识对该词语或句子作出最贴切的译文解读。请看下面的例子。

【示例】You could find no better metaphor for the way the rest of the world can now compete "head-to-head" more effectively than ever with America than the struggles of the U.S.

而篮球上的"肉搏战"也在现实当中上演，世界上的其他国家现如今是正在和美国展开激烈的竞争，这同比赛时的情形如出一辙。

前文当中作者在阐述美国篮球在世界上几乎是天下无敌。而此段下文作者话锋一转，直指美国篮球事业的衰退。众所周知，一个国家的体育事业发展与经济发展紧密相关，作者是想说明美国经济发展脚步与世界其他国家是相对缓慢的。所以此段话在文中起到承上启下的作用。"head to head"本意是头对头，笔者在此译为"肉搏战"，肉搏战常被用来形容体育比赛的激烈程度，这正与作者想要描述的各国竞争情形相符。同时笔者调整了译文的语序，将文中的作者所说"metaphor"的含义增译为"而篮球上的肉搏战也在现实当中上演"。这样忠实语篇连贯原则，更加清晰地表达作者的意思，使文章具有可读性。

2. 结合常识分析语境

译者应注意培养语境意识，在翻译时要弄明白语言描述的情境是什么，事件的时空地点、参与人物、来龙去脉等信息，不可以望文生义，在不明白原文真正所指的情况下按字面翻译，严重的甚至会导致译文传递错误的信息。

【示例】The crew and I were standing at the gate observing this river of educated young people flowing in and out, many in animated conversation. They all looked as if they had scored , 600 on their SATs, and I felt a real mind-cye split overtaking me.

My mind just kept telling me, "Ricardo is right, Ricardo is right, Ricardo is right." David Ricardo (1772-1823) was the English economist who developed the free-trade theory of comparative advantage, which stipulates that if each nation specializes in the production of goods in which it has a comparative cost advantage and then trades with other nations for the goods in which they specialize, there will be an overall gain in trade, and overall income levels should rise in each trading country.

我和全组们站在园区门口，看着这些年轻人，侃侃而谈，朝气蓬勃。我的内心跟我的亲眼所见是相违背的。

我的内心不停地告诉我，李嘉图是对的。大卫·李嘉图是英国经济学家，创立了基于比较优势的自由贸易理论。该理论指出：如果每个国家专门生产具有比较优势的产品，然后与别国的比较优势产品交换，这样在总体上，不仅全球贸易收益上涨，每个国家的外贸收益也会随之增多。

第一段中"and I felt a real mind-eye split overtaking me."mind eye取内心之意，因为split有分离之意，所以按逻辑关系，在此处增译了"我的亲眼所见"。这样就理清了文章逻辑关系，增强了可读性。而后一段中出现了"my mind"，在忠实原则指导下，将其译为"我的内心"与前文相对应。并且将"many in animated conversation.They all looked as if they had scored 1,600 on their SATSs"译为四字短语"侃侃而谈，朝气蓬勃"这样译使得句式整齐，且符合汉语的习惯。

第五节　修辞对比及翻译

一、词语修辞格

（一）修辞

在我国，修辞这个词自古以来就存在于中国文学以及文化中。在《易经·文言》中就有"修辞立其诚"一说，《尚书》和《诗经》里也有很多修辞格的实例。刘勰的《文心雕龙》被看作是研究修辞学的一个里程碑，书中详细描述了修辞，他的思想与现代修辞也很相近。

修辞是加强言辞或文句效果的艺术手法，可分为狭义和广义两种含义。狭义的修辞是指修饰言论，也就是在使用语言的过程中，利用多种语言手段以收到尽可能好的表达效果的一种语言活动。广义的修辞是指除了包括修辞格这一重要因素外，还包括语音、环境、文化背景、社会心理等因素以及为增强说服力而采用的各种方式。修辞格是人们在组织、调整、修饰语言，以提高语言表达效果的过程中长期形成的具有特定结构、特定方法、特定功能、为社会所公认的符合一定类聚系统要求的言语模式，也称语格、辞格、辞式等。

系统研究修辞格学大都列为实践修辞学研究的对象。实践修辞学通常把辞格分为两大类：语义修辞格和句法修辞格。

语义修辞格，包括比喻、隐喻、寓喻、拟人、夸大、缩小、借代、对代、倒反、反话、修饰、嘲讽等等。

句法修辞格，其中有排比、省略、对照、层递、设问、兴叹、呼告、首语重叠等等。修辞格在语法表达中很多时候单独使用，也可以综合使用。

（二）英汉修辞格的美学比较

1. 修辞格的色彩美

色彩美是一种形式美，是美感最普遍的形式。色彩美主要是由色彩作为视觉表象的信号引起的美感。色彩词有修辞意义，被广泛用于比喻、比拟、双关、夸张等修辞艺术中。因为客观世界中的一切事物，无不呈现一定的颜色，生活在缤纷世界的人，不仅时时体味，接触这种最大的美感形式，而且不知不觉中把自己的感情、意念附着于大自然的缤纷色彩中。于是为了真实地表现生活和感受，无论文学作品创作过程中还是在日常交际中，作家往往把这样的情思融注于青山绿水、花草树木、人情风俗等的描绘中，创造出一幅多姿多彩的画面，深刻抒发作家丰富多变的情感和感受。文学作品中的色彩美不仅使读者产生审美愉悦，而且能够加深作品的意境，从而可以激发读者无限遐想，并且在这种遐想中获得审美感受。

这样一来，表现事物颜色的色彩词数量越来越多，使用范围也日趋广泛，运用的手法也日趋复杂，日趋艺术化，在这种情况下，我们不得不在自己的言语过程中，选择最正确、贴切、生动传神的色彩词来表述我们的见解，寄寓我们的感情。但是由于人的情感、心境、传统习惯等因素的影响，色彩词产生的美学效果也是不尽相同的。

（1）形象美

色彩是一种视觉形象，客观世界中的万事万物都有其独特的色彩。高明的作家善于巧妙地运用色彩词来描绘五光十色、多姿多彩的世界，使读者获得视觉上的审美愉悦感，并从中去体会作品的意境。

（2）喻意美

色彩是表现客观事物的视觉形象，除此之外，色彩具有明显的象征意义。自古以来色彩就有其独特的象征意义，随着时代变迁，不同时期不同国度，色彩的象征意义也不相同。在我国红色被视为喜庆，白色被视为不幸等等；在战争年代，红色象征着革命，而白色象征恐怖；如今，红色则表示热烈，黑色表示冷漠，白色表示纯洁等等。

在文学作品中，作者往往在一定的语境中利用色彩的象征意义去曲折地表达某种情态或某种含意，而读者需要分析色彩词的象征意义，透过色彩的表面去品味、联想它隐含的喻意或情态。并且在这个过程中获得喻意美的审美享受。

（3）移情美

所谓移情就是寓情于景，借景抒怀，指人们在欣赏物体时将感情移入该物体，即景中含情，情中现景，从而营造出一种情景交融的美感。在翻译范畴中，移情被理解为译者在充分理解原作者的创作背景、写作风格、志趣等的基础上，把自己的感情融入原作中，品味原作的美，最终准确通顺的传达原作的内涵，这就是译者和作者心理上的"共鸣"。

色彩词本来是没有感情的，但是在一定的语境中把色彩词用于景物的描写可以曲折地表达人的情绪和感受。例如，老舍在《骆驼祥子》中有这样一段景物描写："红霞碎开，金光一道一道的射出，横的是霞，直的是光，在天的东南角织成一部极伟大的光华的蛛网；绿的田、树、野草都由暗绿变成为发光的翡翠。"这一段话描写的是骆驼祥子从军队逃出来，并且因祸得福搞到了三匹骆驼，非常高兴得意，所以在他眼里的颜色都显示出令人愉快的光彩，表达了情景交融，自然和谐的特点。

【示例】It was a hot, clear, sunny day, though there were occasional showers. A low, smoky float. The clouds flowed across the clear sky without blocking the sun: occasionally a torrent of rain fell on the fields. Big and bright drops to the sound of a dry, like staggered, pouring down: the sun is shining from the rain, the transmission: grass swaying in the wind, no longer quiet down, thirsty to drink water: the trees in the rain, all the small leaves all quivers lazily: not a bird sang, the joy of the chirp answers new showers and upon creek, It is pleasing to the ear. Smoke rose from the dusty road and the dust was flecked by the sudden rain.

So the clouds cleared, the breeze blew, and the grass began to show emerald green and gold...The wet leaves stick together and become more transparent...A thick, sweet smell was coming from every side.

这一段景色描写中展现得淋漓尽致，使用了比喻、拟人等修辞手法为我们展现了一幅清新的雨后的夏日清晨的花园美景。利用比喻句和拟人句，把小草吸收水分描写成渴饮、贪婪地吸着水，渴饮也好、贪婪也罢都是属于人的特性，在这里用来描写雨后的小草吸收水分的样子。金色阳光、发光的雨点、翠绿的草丛以及路上升起的轻烟都使雨后的整个画面颜色靓丽、鲜艳、清新，令人感觉欢快轻松。原文中的一系列短语，可以被译为"珠落玉盘倾注而下、风中摇曳、渴饮、潺溪、点点斑斑、云收雾散"略带有文言性质，使译文从整体上看显得儒雅、清新；也有的译文译为"带着干燥的响声、很快地落下、风中摆动、贪婪地吸着、潺流、淡淡的斑点、乌云过去"等短语使译文语言口语化，通俗易懂，从美学移情美角度来说，前者的表达效果艺术魅力要比后者更胜一筹，意境更美一些。娜塔莉娅还沉浸于前一个晚上与罗亭的对话中，迷惑与彷徨不安，但是与大自然亲密接触之后摆脱了烦恼的情绪，眼前的美景使她产生了宁静、祥和、温馨的感觉，并且沉浸在淡淡的甜蜜与朦胧的憧憬中。原文中的景物是与人物的内心感受交织在一起的，景中含情，情中现景，充分传达了原文中的情景交融的特点。

2. 修辞格的意境美

在文学创作和欣赏中意境常被看作是衡量文学作品美的一个重要标准。意境是文艺作品中所描绘的客观图景与表现的思想感情融合一致而形成的一种艺术境界。具有虚实相生、意与境和谐、深邃幽远的审美特征，能使读者产生想象和联想，如深入其境，在思想感情上受到感染。"意境的基本构成在于情景交融，它包含着两个方面，即生活形象的客观反映方面和作家情感理想的主观创造方面，前者叫作'境'的方面，后者叫作'意'的方面，这两个方面有机统一浑然交融而形成意境。"优秀的文学艺术往往能使情与景、意与境相交融，塑造鲜明生动的艺术形象，产生强烈的感染力。

汉语是一种意境语言，只要排列出奇，组合得当，三言两语就能出景、出情、情景交融。可见，意境的营造，除了客观图景与思想感情之外，一个必要条件就是艺术语言。词语是构成句子的基本单位，不同词语的排列和组合能产生不同意义和美感。科普读物力求用词准确、简洁、明白，而文学作品讲究的是诗情画意，就是用诗一样的语言进行文学绘画。在翻译过程中，如果作品具有丰富的内容和深邃的思想，而译者使用的语言平庸暗淡，芜杂松散，它就无法打动人心。因为文学作品的魅力很大程度上在于它的形式，诗情画意勾勒出种种美丽的意境，而词汇就是创建意境美感的基础。

举个典型的例子来说明汉语中普遍存在的一词多义的现象，有些多义词因为被广泛使用，逐渐形成了约定俗成的对应的译法。而有些词却难以一眼做出判断，只有结合语境，通过上下文的理解，才能确定恰当的译法。每种译法不同，所产生的情境、表达效果都不相同。

【示例】Beside him walked a young man of short stature, dressed in an open-cut coat of light color. A light tie, too. The wearer wore a light grey hat. He held a thin cane in his hand.

译文一：在他的身边走着一个身材不高的青年，穿着一件淡颜色的敞胸上衣，打的也是淡颜色的领带。戴着顶淡灰色的帽子。手里拿了一根细手杖。

译文二：在他旁边走的是一个身材不高的年轻人，那人身上薄薄的常礼服敞着，系着薄薄的领带，戴着轻便的灰色帽子，手里拿着手杖。

light 的指小形式，在这个例子中出现了三次，本义是指分量轻的、质地薄的、轻快、轻盈，也可以指程度轻松、顺利、容易等，转意之后可以用来形容平易近人、容易相处的人或性格，也可以形容轻薄、肤浅之人。这段话描述的人物是潘达列夫斯基，他表面上是一本正经的人，骨子里却是轻浮好色的人。屠格涅夫在此处用了双关修辞，借此揭露了人物本质。译文二译为"薄薄的"并没有凸显出原文的贬义色彩；而译文一译为"淡颜色的"是不确切的，并没有领会原文所要表达的潜含义。如果译成"轻薄的"是十分恰当的，是符合作者真实意图的。

意境的营造，除了客观图景与思想感情之外，一个必要条件就是艺术语言。下面的例子充分说明语言在表达某种意境时起到重要的作用。

【示例】Constantine Guvolmitty, softly as a cat, came to the peasant's side.

译文一：康斯坦丁季奥米德奇像猫一般轻轻地走到农女的身边。

译文二：康斯坦丁季奥米德奇像猫儿似的轻手轻脚地走到少女身边。

这是比喻句，喻体是猫，猫的趾底有脂肪质肉垫，所以走路时不发出任何声响，所以softly译成"轻手轻脚、轻轻地"是符合猫走路时的特点；came to……side 这个短语，译文二译为"走到少女身边"，译文一译为"闪到农女身边"，"走到"在这里是中性的，感情色彩较之"闪到"要弱些，康斯坦丁季奥米德奇是个轻浮好色之徒，看见少女就如同猫看见猎物一样，恨不得马上扑过去，因此"闪到"更符合人物性格，客观地、艺术地表现出康斯坦丁季奥米德奇轻浮好色的本性。

3. 修辞格的含蓄美

含蓄美历来是传统修辞学注重的一个问题，宋代姜夔在《白石道人诗说》中提道："语贵含蓄。东坡云：'言有尽而意无穷者，天下之至言也'……，句中有余味，篇中有余意，善之善者也。"姜夔主张以含蓄蕴藉为美，他赞同苏东坡的观点，认为言尽意尽并不是最好的创作手法，余字、余味、余意是文学创作中经常用的方法。例如，在曹雪芹的经典名著《红楼梦》中有典型含蓄美的例子，林黛玉在临终前喊着"宝玉，宝玉，你好……"，曹雪芹并没有写出林黛玉所说的话，而是用省略这种修辞手法为读者营造出了一个无限遐想的空间，让读者通过想象、联想来给林黛玉补充上所有有可能出现的哀怨欲绝的话语。这种潜在的信息量越大，美学信息越大。也就是说，交际言语有两个层面：语表意义和语里意义。表达者为了给接受者美感，往往有意制造语表和语里意义的分离，接受者不能直接从字面意义去理解真正的含义，而是要通过联想透过表层去捕捉其后面的意思。从美学角度看，语表意义与语里意义的分离会产生大量的潜在信息，而这种潜在信息含量越大，美学信息越大。这就是含蓄美的基础。《罗亭》中也有很多这样的例子。

【示例】This will be our last meeting, and it will all be over, unless... Please do. We must make a decision...

译文一：这将是我们最后的会面，一切都会完结，除非……请来吧。我们必须做出决定……

译文二：这将是我们最后的会面，一切都要完了，如果……请来吧。必须做出决定……

娜塔莉娅爱上了罗亭，她的母亲达里娅米哈伊洛夫娜坚决反对女儿和罗亭在一起，但是娜塔莉娅宁死不屈，立场坚定非罗亭不嫁，她甚至想和罗亭私奔，因而写了这张字条给罗亭，表面上是期待着罗亭帮自己做最后的决定，实际上也是在试探罗亭。一个"除非……"道出了娜塔莉娅的心声：她希望罗亭和她一样，为了爱情不惜一切代价，除非罗亭是道貌岸然的伪君子，和自己闹着玩，并没有认真对待这份感情。作者是希望读者自己去感受娜塔莉娅的心情，因而并没有把话说全，是想读者自己去想象并体会这其中的各种滋味。"我们必须做出决定"表明了娜塔莉娅是敢爱敢恨、真诚坦率并且具有很强的行动力的一个女孩，她觉得她和罗亭之间的事情必须要有个结果，要么私奔来反抗母亲的独断专行；要么就干脆放弃这段感情，不想继续暧昧与纠缠不清。但是结果如何，她相信罗亭会做出正确的决定。作者没有一语道明，是想给读者一个悬念，让读者猜测、想象罗亭会怎么做，进而可以更进一步地了解罗亭性格特点。这种"句中有余味，篇中有余意"的处理方法是非常高明的，给读者留下无限遐想的空间和含蓄的美感。因此，两种译文所产生的含蓄美感是一样的。

【示例】I swear to you, Natalia Alexyevna. I promise you...

译文一：我向您发誓，娜塔莉娅·阿列克谢耶芙娜。我向您担保……

译文二：我对您发誓，娜塔莉娅·阿列克谢耶芙娜。我向您保证……

当罗亭得知娜塔莉娅的母亲知道了他们两人的事情后，摆出一副畏首畏尾、懦弱、胆怯的样子，这让娜塔莉娅很震惊，同时也很伤心。她认为罗亭对自己并不是认真的，所以她对罗亭开始严加斥责，甚至讽刺了一番，罗亭此时还想继续辩解时说出了"我向您保证……"，至于保证什么，娜塔莉娅再也不会相信他了，也不想听他说的任何一句话了。作者在这里并没有让罗亭说完，是希望读者自己去填补，是爱或是不爱，是有苦衷或是有其他意图，就由读者自己去感觉吧。虽然在这里列举的例子都是省略修辞格，但不是只有省略修辞格才能为读者营造出无限遐想的空间，正确合理地运用多种修辞格，定会提高作品的语言表达效果以及作品的艺术感染力，能够激发读者的好奇心和想象力，那么这部作品就是非常成功的一部作品。

译学与美学结合应该以译学为基础，用美学的理论指导翻译的理论与实践。修辞是使语言表达产生美感效果的修饰行文的基本方法，是语言的一种属性，可以说没有修辞就没有语言。而语言是用来交际的工具，因此，交际过程离不开修辞。语言离不开修辞，一部优秀的文学作品更是完美运用修辞的典范。修辞不仅存在于文学作品，而且也存在于其他文体中，只是程度不同而已。译者必须懂得修辞且擅于运用修辞才能深刻理解作品，体会作品中的美感，才能把作者所表达的真正意图传达给读者。

翻译是一项复杂多层面的文化活动，受到多种因素的影响。例如，屠格涅夫在《罗亭》中使用了比喻、比拟、夸饰、排比等近十种修辞格，从一定程度上使作品主题鲜明、结构严谨、语言简洁优美、赋予自然景物诗意、人物形象淋漓尽致。通过对比两种译本发现，在文学作品中使用修辞，既可以给人以产生各种联想的空间，客观地再现现实生活的美，也能体现出修辞本身的魅力，使人获得了朦胧、色彩、含蓄等美感的享受。美学对修辞格翻译有重要的影响，两译本中的修辞格翻译不同，因而美学效应也不同。

除此之外，对于一部优秀的译作来说，译者所处的时代背景、文化因素、个人素养等对译文的影响也非常深远。生活于不同的时代，所接受的总的社会文化不相同的两个译者，在两种语言的转换上就有了差异性。历史文化、时代背景、地域环境、个人因素、语言习惯等都影响着翻译风格。有的译文总体上呈现出文言文向白话文过渡时期的特点，译文颇见清丽；有的译文有较明显的口语特点，通俗易懂。两人因翻译风格不同，所以译文翻译效果也不同。

总之，由于时代不同，不同时期的译者所接受的文化、思想、观念、价值观等都随着时代变迁而发生着改变。这样一来，对译者本身的文学修养、学术研究、语言习惯及对原作的理解等诸多方面都产生重要影响，从而影响着翻译活动。

二、英汉语义修辞格对比及翻译

（一）英汉比喻对比

1. 明喻

比喻是使用最多的一种修辞手段，尤其明喻随处可见。比喻中使用的喻体是奇巧、新颖、形象鲜明和大家所熟悉的事物，使描写的人物或事物更加生动、形象、清晰、易于理解。

明喻是本体、喻体、喻词都出现的比喻，起喻词作用的主要是连接词，喻词表示真实比喻，多用于本体和喻体之间，其前可以用逗号隔开，也可以不用。一般来说，喻词前边有逗号起强调和突出喻体形象的作用。

【示例】At first, at the sound of the word love, Miss Pang would start as if an old warhorse were at the sound of a trumpet She would prick up her ears, but eventually she got used to it, and she just pursed her lips and sniffed Just smelling snuff.

译文一：起先，一听到爱情这个字眼，彭果小姐就会一怔，好像老战马听到号声就会竖起耳朵一样，但是到后来，她却渐渐听惯了，于是，就只噘起嘴唇，不时闻闻鼻烟罢了。

译文二：起初，Miss Pang 听到"爱情"这两个字，就像老战马听到号声那样一震，竖起耳朵，可是渐渐地她也习以为常了，有时只是抿紧嘴唇，慢悠悠地嗅着鼻烟。

Miss Pang 是本体，喻体是 an old warhorse，喻词是 as if，是真实比喻。将彭果小姐一听到"爱情"字眼时所表现出的神态比作为听到号声的老战马，非常形象、有趣，可以让读者了解彭果小姐的性格特点。

【示例】秦悦一颗心被扯了起来，拉橡皮筋一样，生疼生疼的。

Yue felt her heart stretched like a rubber band, full of pain.

该例将"心被拉扯"的状态比喻成"拉橡皮筋"实在是妙！若是没有弹性、正在跳动的心被当作有弹性的橡皮筋般拉扯，痛苦自不必言。因此，直接把本体和喻体复制到英语中不失为最佳选择，使这种感受直接传达至译入语读者。此外，将明喻这种形式翻译成喻词（indicators of resemblance）"like"既保留了内容，又增强了表现力，留住了比喻的形式。此外，将 full of pain 置于句子末尾，作为喻体形象的补充，则让读者意犹未尽，"生疼"的感觉油然而生。

【示例】"吼——"忽的，他喉咙里发出像狼一样的号叫，响彻整个医院，撕心裂肺。

"How..." Suddenly a wolf-like roar came out of his throat, resounding through the whole hospital and piercing everyone's heart.

原文"像狼一样的"当然可以译为"like from a wolf"，但是没有"wolf-like"这个复合词简单明了。声音一旦发出，很快便可以传达至人耳，因此用"wolf-like"不仅缩短了读者的反应时间，也符合声音的特点。其实，用复合词代替喻词也是比喻翻译的一种方法，已被读者广泛接受。类似由 -like 构成的复合词，其他还有 -fashion，-wise，-shaped，-colored 等。这也算是喻词的变格。原文中明喻居多，使用这种翻译方法的例子也最多。

【示例】她烦得很，又害怕得很，什么东西堵在胸口，也像锅炉般，几乎要爆炸了。

Upset and scared, she felt swollen like the boiler about to explode.

【示例】愈发昏沉沉了。思绪一点点飞走，像勾掉丝的毛衣，扯着一根线头，便整个抽了去。

She felt dizzier and dizzier. The train of thought disappeared gradually, like an unknitted sweater, pulled from the beginning of the yarn till the very end.

像上述两个译例，本体、喻体和比喻形式均无须改变，直接把喻体形象复制过来即可。这是比喻翻译中最直接、理想、简单的翻译方法，使用比较普遍。

2. 隐喻

隐喻又称暗喻，是最常见的形象表现手段，以本体和喻体相似的特征为基础，把一个事物的特征转移到另一个事物上去的比喻就叫隐喻。隐喻是人们经常运用的一种思维方式，人们为了认识和揭示一个事物的特点有时不是采用指称的方法，而是选择一个具有同该事物相似的特征的事物来比拟，以加强对该事物特点的了解，留下一个深刻的印象。隐喻通常都是用已熟悉的事物揭示不易表达的特征，以生动的形象说明深奥的道理，收到言简意赅的效果，提高表达效果。

【示例】He pointed out that a man is worthless if he has no self-esteem, which is the Archimedes lever that moves the earth.

译文一：他指出，人假使没有自尊心，那就会一无价值，自尊心就是可以把地球移动的阿基米德的杠杆……

译文二：他说，一个没有自尊心的人，是没有价值的，自尊心是可以使地球移动的阿基米德杠杆……

隐喻强调本体和喻体同时出现，是把喻体说成本体，把两者所具有的特征看成是一样的，本体与喻体之间不用喻词。在这个例句中，本体是 self-esteem，喻体是 Archimedes lever，罗亭有关自尊心的一席话告诉我们一个简单的哲理：人的尊严无比珍贵，是一个人立于天地之间的精神根基，没有了它，人只剩下空空的躯壳，也就不能称其为人了，无论什么时候都别把尊严丢了。这番言论充分表明罗亭是一位不折不扣的学识渊博、能言善辩的知识分子。

【示例】他的眼神，像极了化工厂后门的那条小河浜，太多的东西沉淀着，八级台风也吹不动。

译文一：There was too much concealed in his eyes, like the river behind the chemical factory, with too much sediment in the bottom, unshakable even by the most violent typhoon.

译文二：His eyes were the river behind the chemical factory, where there was too much sediment concealed in the bottom, unchurned even by the most violent typhoon.

原文把"他的眼神"比喻成"小河浜"，是典型的明喻。而且两者的共同点是，底部都有东西沉积或隐藏，不可撼动。因此，如若译文也使用明喻的修辞（如原译），自然效果是不减的。但译者想，有没有一种更好的翻译方法，使译文精益求精呢？可否把喻词省略掉，把连接本体和喻体的纽带隐藏起来，让读者自己去建立二者之间的关联？明喻改为暗喻如何？对比原译和改译两种版本，发现改译后的译文把"眼睛"和"小河"合二为一，且句式结构更加清楚明白，传达原文意思上也略胜一筹。因此，译者采用的是改译后的版本。"将明喻变为暗喻"这一翻译方法不仅可以避免译文的喻意过于直白，而且可以使本体和喻体完美融合在一起。

【示例】Ah, his tongue is his enemy... but it is also his servant.

译文一：啊，他的舌头就是他的敌人……可同时，也是他的仆人。

译文二：唉，他的舌头就是他的敌人……不过，也是他的仆人。

在这个句子中，把 tongue 喻为 enemy 和 servant，是典型的隐喻的例子。烈日涅夫的这句话很巧妙、生动形象地用大家所熟悉的 enemy 和 servant 说明了罗亭的口才极好，得到了言简意赅的效果。

（二）英汉比拟对比

比拟就是把物当作人或把人当作物来描写的一种修辞方式，比拟一般分为拟人和拟物两种。运用比拟，可使人或物色彩鲜明，描写生动，蕴含丰富，激发读者的丰富联想。能使读者对所描述的人或事物产生鲜明的印象，产生强烈的感情，引起共鸣，增强作品的感染力。使用比拟修辞手段，可以提高作品的艺术感染力。

1. 拟人

拟人指的是为了把事物或现象描写得生动活泼，把思想感情表露得深切感人，常常把事物当作人来描写，把属于人的特性、特征加到事物或自然现象的身上，抒发对事物或现象的内心感受。

【示例】The sun was already high in the clear sky; The fields were still glistening with dew. The valley of awakening radiates The sweet smell, while the old birds sing merrily in the silent forest of the dew.

译文一：太阳已经高悬在明净的天空；田野里仍然闪着晓露。初醒的山谷散发着芬芳的气息，而宿鸟则在朝露未霁、悄无声息的森林中欢快地歌唱。

译文二：太阳已经高悬在晴朗的天空，但是田野里还闪烁着露珠，从醒来不久的山谷里送来阵阵清新的芳香，在还是带露的，没有喧声的树林里，早醒的小鸟在快活地高唱。

在这段景物描写中，两处使用拟人修辞手法。在短语"醒来的山谷中"，动词 awakening 意为"醒，醒来"，而这个行为是人或动物的行为，作者用它来描写夏日清晨的山谷，是借物抒情的一种方法，能够激发读者的丰富想象。sing 是高声歌唱的意思，把小鸟的叽叽喳喳比作高声歌唱，这样的描写既激发读者的想象，在脑海中勾勒出一幅美丽的夏日清晨的画面，又增强了小说的艺术感染力。

【示例】The sun shines through the shining rain. The grass no longer swayed in the wind, it was still, Thirsty for water: on the rain-drenched trees, all the tiny leaves quiver lazily; The bird kept on singing, The merry chirp was pleasing to the ear, matched by the gentle ripples of a new shower.

译文一：阳光就从这闪耀的雨网中，透射出来；草不再风中摇曳了，静了下来，渴饮着水分；在雨淋的树上，所有细小的叶子全都懒洋洋地颤动着；鸟不住地唱着，这欢愉的啁啾应和着新过的阵雨的潺缓，听起来是悦耳的。

译文二：阳光透过闪烁的雨网放出光辉；刚才还在风中摆动的小草静止了，贪婪地吸着甘霖；被打湿的树林上，片片嫩叶都慵懒地颤动着；鸟儿不停地歌唱，在刚过的阵雨的潺流声中，鸟儿的絮絮地啁啾，听来令人欢畅。

在这个例句中作者把小草和鸟儿当作人来描写，饮水和歌唱本来是人的行为，在这里把这种行为加到小草和鸟儿身上来描写景物，小草在"饮水"，小鸟在"歌唱"，这样的场景给人以轻松愉悦的感觉。同时也烘托出娜塔莉娅当时的心情。

2. 拟物

拟物指的是把人当作物，或把此物当作彼物来描写的修辞方式，即把物的属性转用到人的身上，给予人以物的特征，把人"动物化"；或把此物当作彼物，把抽象概念当作物来描写。

【示例】He was a little nervous, and not very well; But when he spread his wings — oh, my God! The It really took off! — Straight into the blue sky!

译文一：他有些神经质，身体也不很好；但是，当他一旦展翼的时候——天哪！那真的是一飞冲天啊！一直飞到蓝天深处！

译文二：他这个人是神经质的，身体不好，然而当他展翅的时候——天哪！那可真是一飞冲天，直上蓝天，直上九重天啊！

此例是拟物修辞格的典型例子，这是烈日涅夫评论波科尔斯基的一番言论，wings 是"翅膀，翼"的意思；took off 是"冲飞"的意思。当读者读到这里首先想到的是展翅的雄鹰或翱翔天空的鸟儿，人不可能有翅膀，人也不可能会飞，在这里把属于鸟类的特性转用在波科尔斯基的身上，把他给"动物化"了，充分暗示了波科尔斯基是一位才华横溢的启蒙者，是有理想、有抱负的人，如果社会能够给他施展才华的空间，那么他一定会大有作为，就像是展翅的雄鹰一样一飞冲天。

【示例】As soon as he sat there she showed me to him, as if to say: Look, good friend, here we are What strange monsters have they produced！But I was not a racing horse, and was not used to being led.

译文一：他坐在那里，她就把我展示给他，仿佛是说：看哪，好朋友，我们这儿出产多么古怪的怪物！可是，我也不是一匹参加竞赛的马，还不习惯让人牵着遛。

译文二：他坐在那儿，她就把我像展览品似的让他看：好像是说，看哪，老兄，我们这儿都出了些什么样的怪物！可我又不是养马场的马，不习惯让人牵出去给人看。

在这句话中有隐喻，有拟物，其中 What strange monsters 是典型的隐喻；而 being led 是指把马从马厩里牵出去遛，人怎么能被牵出去遛，当达利娅把列日涅夫介绍给自己的座上宾罗亭时，列日涅夫感到浑身不自在，他觉得自己并不是某种展品或者马场的马，并不习惯于被牵出去遛，把自己给动物化了，表明了对罗亭的反感。

（三）英汉夸张对比

夸张就是在客观事实的基础上，运用丰富的想象力，对所要叙述的人或事故意言过其实地夸大或缩小描写，以增强感染力，突出人物的形象，事物的特征，给人以一种深刻的印象。夸大修辞格包括夸大修辞格和缩小修辞格两种类型。在篇章翻译中使用夸大修辞格，充分引起读者无限想象，突出人物性格，增强作品的感染力。

1.夸大修辞格

夸大修辞格又称夸张或铺张，就是对人、对事或现象做夸大其实的描述：

极言其大、其多、其快，有比现实更强烈的艺术真实性。夸大修辞格有夸大范围、程度、数量等几种类型。夸张有时借助于比喻、比拟等修辞方式表现出来。

【示例】It was a stick, God sees it, a very thick stick, like a stick used to guard a fortress.

译文一：上帝见证，硬是一根木棒子，一根很粗的木棒子，像根守卫堡垒用的那种粗木棒子。

译文二：一点没错，是用棍子，像人们用来保卫城堡的粗粗的棍子。

这是借助于带有喻词 like 的明喻表现夸张的一句话，是比喻兼表现夸张的句子。皮加索夫谈论女人时说到他曾经用一根像保卫堡垒用的粗棒子捅了一个姑娘的腰，保卫城堡的木棒应该是很粗很大，如果用这样一根木棍去捅一个姑娘的腰，其后果是不堪设想的。皮加索夫夸大其词地来说这件事情也充分表明了他对女人的不尊重，甚至是憎恨女人。突出了他的人物形象和性格特点，给读者留下深刻的印象。

【示例】Though Panda levsky used to say that she knew all Europe, all Europe knew her！

译文一：虽然潘达列夫斯基常说她认识全欧洲，全欧洲也都知道她！

译文二：虽然潘达列夫斯基说起她来总说她认识整个欧洲，整个欧洲也知道她！

在英语中夸大范围时经常使用词汇在时间、空间、价值等方面进行夸张描述。在这个例子当中潘达列夫斯基在描述达里娅米哈伊洛夫娜时夸张地使用了 all 来形容她广博的见识和知名度。潘达列夫斯基极尽可能地讨好达里娅米哈伊洛夫娜，对她阿谀奉承、献殷勤，突出了潘达列夫斯基厚颜无耻、诌媚的性格。

【示例】She wiped them off, but they sprang up again, like a spring long stalled.

译文一：她拭掉它们，但它们却像久塞顿开的泉水，又重新涌流出来了。

译文二：她把眼泪擦掉，可是它们又流出来，就像泉水从壅塞已久的泉眼里流出来似的。

这是带有比喻的夸张句，在英语中，经常会使用 again，all 等词说明数量之多，不可胜数。在这个例子当中，作者使用了"泉水，泉源"来形容娜塔莉娅的眼泪之多，多得就像是流不尽的泉水一样。

2. 缩小修辞格

缩小修辞格又称微言，即对事物或现象作有意缩小描写，减弱事物或现象特征的程度，极言其小，其少、其短等。缩小修辞格有缩小数量、程度、高度、距离等几种类型。《罗亭》中使用了缩小修辞格。

【示例】In a quarter of an hour he was the only voice to be heard in the drawing-room.

译文一：一刻钟以后，客厅里就只能听见他的声音。

译文二：一刻钟后，满屋子只听见他一个人的声音。

此例中用 only 来形容罗亭演说时满屋的人由于聚精会神聆听而发出声响的人少，缩小了实际数量，表示人或事物数量少时经常用 only 等词。

【示例】He was playing a dangerous game —— not dangerous to himself, of course; He doesn't cost a cent, he doesn't lose a cent, but others have staked their souls……

译文一：他在玩一种危险的把戏，当然，对他自己是毫不危险的；他不费一文，不损一毛，但是 别人却把灵魂都押上了……

译文二：他在玩一场危险的赌博，对他当然并不危险；他自己连一个小钱、一根汗毛的赌注都不下，可是别人却把灵魂都押……

这个例句是缩小修辞格很典型的一个句子，英语中表示量少、微不足道时可以借助名词 a loss of 等，cent 是最小的货币单位。既然是在进行"赌博"，怎么可能连"一点小钱或一根汗毛"都不下赌注呢，充分突出了罗亭能说会道、不考虑后果、甚至是"说话的巨人，行动的侏儒"的特点，他的漂亮话能让一个人不顾一切地要追随他，而他自己却不付诸行动，到最后还是垂头丧气地离开，其实他还是"赌"输了这场"赌博"。

（四）英汉双关对比

双关就是利用词语的同音或多义性，为取得某种特殊效果，有意使一句话同时具有不同的解释，表面上是一种意思，而暗含的是另一种意思，而暗含的意思正是说话者所要表达的意思。双关可使语言表达得含蓄曲折、幽默诙谐，达到嘲讽人物的效果和塑造人物形象的主要手段。使用双关也是为了加深语意，增强作品的内涵信息的隐蔽性，更耐人寻味，增强文章的表现力。

【示例】Beside him walked a young man of short stature, dressed in an open-chest coat of light color, also in a light colored tie, wearing a light gray hat, and carrying a thin cane.

译文一：在他的身边走着一个身材不高的青年，穿着一件淡颜色的敞胸上衣，打的也是淡颜色的领带，戴着顶淡灰色的帽子，手里拿了一根细手杖。

译文二：在他旁边走的是一个身材不高的年轻人，那人身上薄薄的常礼服敞着，系着薄薄的领带，戴着轻便的灰色帽子，手里拿着手杖。

此处是借助 dressed 的直义和转义对立构成的双关，即语义双关。在潘达列夫斯基衣着的简短描述中屠格涅夫使用了三个修饰语 open-chest、light、thin，并不是说作者江郎才尽。细细品读之后不难发现，其实是作者有意安排。light 是着装的小称，本义是指分量轻的、质地薄的、轻快、轻盈，也可以指程度轻松、顺利、容易等，转意之后可以用来形容平易近人、容易相处的人或性格，也可以形容轻薄、肤浅之人。表面上是指潘达列夫斯基的衣着质地轻薄，实际上是说他的言谈举止轻浮，他不仅擅于讨中年太太们的欢心，而且还调戏农家少女，语言轻佻，而且就连穿着都是轻薄的面料，足以看得出潘达列夫性格特征，使得他的形象呼之欲出，非常生动有感染力。因此将 light 译为"轻薄的"更贴切，更能突出潘达列夫斯基的人物性格。

三、英汉句法修辞格对比及翻译

（一）排比修辞格

排比修辞格就是把两个或两个以上结构相同或相似，所用词语相同、节奏和谐并列使用的一种修辞格式。这种并列使用的结构也称为平行结构。在平行结构中，出现在语句之首或语句之尾的共同词语称为是提挈语。使用排比修辞的目的是增强文章的气势、语言表达的形式美和节奏感，表达强烈的思想情感，更有力地说明事理。排比可以分为首语平行、尾语平行和诗节首尾诗行平行三种。

【示例】Everything About Love：How It Happens, How it develops, how it is destroyed, is a mystery.

译文一：爱情的一切：它怎样产生，怎样发展，怎样消灭，都是神秘的。

译文二：爱情！爱情是怎样产生，怎样发展，怎样消失，这一切都是神秘的。

这个例句是使用了三个"how"作为提挈语的平行结构的排比句，用来说明爱情是很复杂和神秘的，读起来朗朗上口，增强了语言的气势和表达效果。

【示例】Sometimes it comes suddenly, without hesitation, bright and pleasant as the day；Sometimes it smokes like an undying ember under ashes, and when all is lost, bursts forth a blaze in the depths of one's soul；Sometimes it is like a snake into your heart, and all of a sudden, slipped out... Yes, yes；This is a big problem.

译文一：有时它突然来，毫不犹豫，像白昼那样光明愉快；有时它又像槁灰之下未熄的余烬，只是冒烟，而在一切都已毁灭之后，却在灵魂深处突然爆出烈焰来；有时它又有如一条蛇钻进你的心里，而突然之间，溜了出去……是的，是的；这是重大的问题。

译文二：有时它突如其来，毫不犹豫，像白昼那样令人欢欣愉快；有时像死灰下的余烬，久久地微燃着，等一切都破灭之后，又在灵魂中窜出火苗；有时它像一条蛇钻进你的心里；有时又突然从心里溜出……是啊，是啊；这是个重要的问题。

这是连续用了四个提挈语"Sometimes"的排比句，其中夹杂着三个美妙的比喻，精辟地表达了罗亭对爱情的理解和看法。罗亭出身贵族，从小受过良好的教育，并且游学欧洲，是不折不扣的一位知识分子，他举止优雅，并且谈吐不俗，这样个性化的语言十分符合罗亭的身份，充满智慧，能言善辩，内涵丰富，耐人寻味。

【示例】How many times have my own words made me detestable, not only from my own lips, and from the mouth of my co-conspirators! How many times have I gone from the waywardness of a child to the dullness of a worn out horse, and never moved my tail even when I was beating my tail... How many times have I made vain hopes, vain enemies, humiliated myself! How many times have I flown high like an eagle? Only to crawl back like a broken snail!

译文一：有多少次我自己的话使我自己也觉得可憎，不仅出自我自己的唇边，而且也出自和我同调者的口里！有多少次我从孩子般的任性使气变得像驽马似的鲁钝麻痹，就是痛加鞭笞，却连尾巴也一动不动……有多少次我是空欢喜，空指望，白白地结怨树敌，屈辱自己！有多少次我像苍鹰般疾飞高举，结果却像个碎了的蜗牛，爬回原地！

译文二：有多少次我觉得我自己说的话是可憎的，不仅是从我嘴里说出来，同意我的看法的人说出来的话也是如此！有多少次我从孩子般的容易激动变得像一匹老马那样麻木不仁，任凭鞭子抽打，连尾巴也一动不动……多少次我的喜悦和希望都化为泡影。我徒然与人为敌，或者低三下四！有多少次我像雄鹰般展翅高飞到头来却像一只外壳破碎的蜗牛爬回来！

排比是一种富于表现力的修辞手法，多用于说理和抒情，在这个例句当中作者用了"How many times...How many times... How many times...How many times..."结构的首语平行排比句，其中还包含了两个精妙的比喻句，是罗亭对自己这些年的人生遭遇的概括。罗亭在遭受了爱情的挫折与失败后，开始了漫无目的的游荡，在蹉跎、平庸中消耗着他的才华和青春，他由一个立志改造社会的青年变成一个唯唯诺诺，逆来顺受的落魄者。这个排比句是他在感叹理想的破灭和对未来生活的迷茫，抒发了他对社会、生活的无奈之情。

（二）引用修辞格

引用修辞格就是说话或写文章时，引用别人的话或引用名言、警句、成语、俗语、谚语来说明某一问题或阐述某种观点。有时为了使文章更有可读性，更有说服力，也常引用一些诗歌、典故、历史传说等内容。引用的目的是以简练的语句表达丰富的含义、增加说服力。引用分为明引和暗引。篇章中不乏一些引用诗歌、传说或名人名句的例子。

1.明引

明引就是指被引用的语句用引号或破折号表示出来，对说理表情达意都很有帮助，为自己的观点和看法提供有力的论据，增强说服力。

【示例】It's just what La Roshevgo said long ago: Believe in yourself first, and then others will believe in you.

译文一：不过是拉－罗什福科老早已经说过的罢了：先相信你自己，然后别人才会相信你。

译文二：其实在您以前拉－罗什福科早已说过了：要相信自己，别人才会相信你。

弗朗索瓦德拉罗什福科是法国道德问题作家，他的《道德箴言录》负有盛名。"要相信自己，别人才会相信你。"是弗朗索瓦德拉罗什福科的一句名言，意为皮加索夫认为人和狗一样，有短尾巴狗和长尾巴狗之分，他说自己就是短尾巴狗，也就是没有自信、一事无成。而罗亭评价皮加索夫的言论时引用了弗朗索瓦德拉罗什福科的这句名言，告诉他首先要相信自己，别人才会相信你，和狗尾巴没有关系。

【示例】So she opened the book of Ben Pushkin's poems and read the first lines that came to her (she often used Pushkin for divination).These lines read:

People who once had feelings

Element with the past of the remote......

To him it was all a shadow,

Memory is like a serpent,

Regret gnaws at the heart.

译文一：于是她随手翻开 -- 本普希金的诗集，读了那首先映入眼帘的几行（她时常是用普希金来占卜的）。这几行是：

曾经有情的人

素怀着往事的幽灵……

对他，一切都成了幻影，

记忆有如毒蛇，

悔恨咬啮着深心。

译文二：后来她信手翻开一本普希金的诗集，读了最先看到的几行诗（她常常这样用诗来占卜）。这就是她看到的：

谁动过情感，

不可复返的岁月的幽灵就扰乱他的心……

他就不再有所迷恋，

回忆好像蛇蝎，

悔恨也将他咬啮，……

这首诗引自普希金的《叶甫盖尼奥涅金》第一章第四十六节，是明引。引用普希金诗句增强了作品的可读性，给人留下深刻印象。娜塔莉娅读完罗亭离开时留下的离别信之后，独自伤心、哭泣之后看到了这段诗句，烘托出娜塔莉娅的心情，同时表达了她的思想感情，使人印象深刻。

2. 暗引

暗引是把被引用的语句融合在作者的文章或诗歌中，不明确标明引用的来源，并对引用语句作较大的改变。

（三）省略修辞格

省略修辞格，即在一定语境或上下文中，有意省略某个句子成分，使语句更加简练，增强表现力的一种修辞方式。在文学作品和诗歌中使用省略修辞格，主要是增加作品的口语特点。在语义表达中往往具有"言尽而意犹未尽"的作用，运用恰到好处确可发生"此时无声胜有声"的修辞效果，可以表示欲言又止的情态或难以尽述的复杂感情，通常表示恐惧、兴奋、紧张、激动等感情。

第三章　英汉文化对比及其翻译

英汉文化的对比及其翻译，是成功而顺利地完成跨文化社会交际活动的基础。在本章中，英汉文化对比研究的两个主体是指以英语为母语的英语文化圈以及以汉语为母语的汉语文化圈（主要指代中国）。具体分为英汉文化差异性分析，英汉民俗文化对比及翻译，英汉社会文化对比及翻译，英汉自然文化对比及翻译，英汉地域文化对比及翻译五个部分。主要包括：英汉文化交流与差异，节日文化和礼仪文化的差异，英汉民俗文化中的服饰文化、饮食文化的对比与翻译，英汉社会文化中数字、颜色及文化价值观的对比与翻译，英汉自然文化中山、水、动物、植物文化的对比与翻译，英汉地域文化中方位词的对比与翻译等内容。

第一节　英汉文化差异性分析

一、英汉文化的早期交流

在很长的一段时间里，西方文明和东方文明曾是两个不曾有任何交集的独立的发展的文化体系，直到秦汉时期的丝绸之路的初次交锋，东西方的商业贸易往来打开了这种僵局，穿梭于河西走廊之间的丝路商队，将西方的文化带来到东方，将中国的文化带去罗马，据记载，早在先秦时期中国就已经与罗马通商的迹象，但由于长时间战乱这种贸易往来被搁置，通往西域的交通也是处于封闭状态，直到河西走廊在汉代再次恢复。汉武帝时期在此设立郡县，派张骞出使西域恢复文化交流之后从大汉运往西域的商队在此络绎不绝，但是这种繁荣景象之后不久又再次遭遇战乱，又一次被停滞，战争几乎中断了东方与西方文化间的任何往来，直到 13 世纪的马可波罗来到当时的中国元朝，中西文化再次有了些许交集。

中西文化的跨文化交流中也存在着文化差异，中西文化差异的根本原因是儒家思想与基督教思想、农耕文明和渔猎文明、等级社会关系和平等社会关系等。中国是集体主义倾向的社会，为了维护集体的秩序，集体内的人就被划分为各种等级，因而就形成了中国的等级社会关系。中国人际关系中的最主要的君臣关系、父子关系、夫妻关系都是从属关系。西方社会则崇尚个人主义，信奉"人人生而平等"，因而人与人之间是平等关系，中西方不同的社会关系类型造成了人们生活习俗的各种差异。

二、英汉文化价值观差异

（一）对待自然

文化差异会导致人们对待自然环境的不同方式，而大致上就有两种：人与自然和谐相处，和人类可以主宰自然。前者是中国传统价值观的主要内容，后者则是影响美国的西方价值观的核心理念。

古代的中国人相信人与天之间始终存在联系，有着相互呼应的依存关系。他们时时刻刻关注世间万物的细微变化，而这些自然环境的转变则表明了不同的含义。这也是处在春秋末期的孔子开创的儒家思想的重要内容，即"天人感应"，自然与人合二为一。到了汉代，董仲舒提出更进一步的人与自然的关系，即"天人合一也"。人要生存就必须遵循自然法则，和自然和谐共存。人的生活规律基于日月星辰的升落变化，以及一年四季的气候循环。规律的季节周期会提醒人们应对身体的调节，而良好的气候则告知人们选择播种和收获的季节。

西方价值观下对待自然的态度上，征服精神一直是人们持有的观点。他们认为人类的生存与自然环境的变化相对立，人类独立与创建家园需要通过战胜自然力量来完成，然后利用自然资源的目的就是以人类的延续为基础。作为自然的征服者，人的力量应该无穷无尽，没有任何限制。人的无限潜力促使他可以尽力去改变周围一切事物，而这种巨大的力量则来自西方世界公认的上帝。在圣经记载中，上帝捏造泥土而创造了世间的人，然后告诉他的人类子民亚当，让他利用人类的一切力量去自然中获取需求，作为自然的主人，人被上帝鼓励去控制自然，去开拓自然来满足自我的生存状况。因此作为主导自然的绝对力量，西方价值观将人视为能够战胜自然的主体。通过不断地改变自然环境来建立更好的生活。

（二）对待人性

从古至今，对待人性的善恶问题在各种文化中都展开过争论，这其中无非有三种假设：人性本善，人性本恶，和人性善恶并存。弄清人性的善恶问题可以告诉我们不同文化下的人对于相同事物做出不同回应的本质原因，从而对其进行解释。中国的传统价值观视人性为善，而美国所代表的西方价值观则视人性本恶。

孔子提出"仁者爱人"，即人的仁义和宽厚使得他能够爱其他人。而另一传统哲学家孟子则进一步推进了这种人性善的说法，提出人有"恻隐之心""羞耻之心"和"是非之心"。因为人有同情心，所以他会同情遭遇不幸的其他人。因为他会为自己的错误行为感到羞耻，所以他会改变自己人性中的缺陷。又因为人会辨别事物的好与坏，所以他会意识到自己应该变好，并与坏人斗争。所以，在传统文化的总体上而言，中国人相信"人之初，性本善"。古代的中国人就相信，人的肉体本身是不纯洁的，这是人的无限欲望导致的。而通过不断地修身养性，就可以达到"知天命"的最高境界，成为理性的精神主体，从而形成"以德治国"的政治理念。

传统的儒家思想就告诉幼童，他们一开始就以纯洁和善良的心态来到这个世界，但在长大之后就会变得道德败坏，因而堕落。同时，在家庭里孩子从小就被培养成有羞耻感的处事态度，所以他们被家长寄予厚望，努力获得家长眼中所期望的模样。这也是中国传统教育所要达到的最终目的，即"望子成龙"的理想状态。

西方价值观中将人性烙上原本罪恶的印记，认为人性的本质就是需要被拯救，脱离罪恶深渊。而对这最明显的证明就是来自经典的圣经故事，即亚当与夏娃的遭遇。上帝将他们发落到伊甸园中，以此惩罚他们偷食禁果的罪恶行为。从那开始，西方的基督教徒都被灌输一种思想，即人的原罪从出生就有了。每一个人都来自罪恶深渊，需要上帝的教诲来进行自我救赎。作为这种宗教思想的延续，西方世界下的人性同时伴随好与坏的双面性，始终跟随上帝的步伐来拯救人性恶的一面。他们相信只要遵循圣经中的条条法则，包括努力生存，努力控制自我的欲望，努力达到完美的自我约束，他们最终就能脱离苦海，获得自己的幸福。

而现代的西方价值观中对待人性的态度其实不仅仅依赖于宗教，弗洛伊德的心理学理论也认为幼儿出生就伴随着罪恶的血缘，只有通过长大后的努力改变才能变为健康的人。如果说中国传统文化的核心是耻感文化，那西方价值观就强调罪感文化。耻感文化强调好的一面是人们都应该期望实现的，但在实际情况下人们的行为可能与好期望相反。人们应该尽力向模范形象学习，来告诫他人如何行善；但罪感文化则告诉人们一开始就明确区分对与错、好与坏，当人们即使没有马上意识到事物的丑恶时，也应该立刻感觉到罪恶的存在。

（三）对待时间

不同文化看待时间的顺序也有差别，传统的中国文化将历史底蕴视为宝贵财富，文化习俗和历史遗产都被中国传统文化视为重要组成部分。古老的中国人相信依靠过去发生过的历史线索可以揭露事物真实的一面。同时，有着悠久历史的中国文化以历史的长期发展为自豪，认为祭祖可以从祖先那里得到运气和启示，为现在甚至未来的生活提供新的方向。传统文化将历史的印记保留在许多事物中，历史印记可以是一句话，一篇文章或是一本书。传统中国人认为，通过过去的故事可以指示未来的发展，保持历史中的诸多看法可以帮助自己领悟世间发生的一切，追寻到上千年的传统历史使得人们的思想保持较少的变化。所以尊重祖先，了解并理解历史让中国人习惯刻画历史形象，这无论是在书籍、电视纪录片、音乐还是故事介绍中都得到了充分的体现。中国人习惯追忆过去曾经极度辉煌的古代文化历史，怀恋在古时各朝代有名望的著名人物形象。另外，中国人会悼念死去的亲人，祭奠自己家族的祖先，以此体现他们的历史存在价值。

有着几千年长远历史的传统文化让人们感到骄傲，而这种传统的历史进程则教导了中国人，对过去发生的事情采取谨慎考虑和尊重的态度可以帮助人们做出新的决定或采取新的行动。他们发现，只要对打算考虑得长远一点，他们面临决策时就可以想出稳妥的办法。

西方价值观对待时间的观点则是尽量向前看，这种未来倾向在媒体惯用的报道中突出体现在一句开头用语，"what next"。对于多数人而言，过去意味着麻烦殆尽，未来则意味着希望和无限可能。"明天会变得更好"这是人们惯用的口头禅。而历史就意味着过去，可以结束，可以告别。他们喜欢把将要做的事情描述得比现在的状态更好，而这可能随时意味着下一秒、下一分钟、下一小时、下一天、下一月或是下一年。而这些可能都意味着未来会带来更多惊喜，带着激情去展望未来远比在当前做同样一件事要更令人好奇。他们总是在计划着未来的各种目标，认为未来发生的事有更大的惊喜和更光明的前景，所以必须与时间赛跑。这样才能取得更多的成就，经历其他的有趣故事。所以将更多的视角放在充满活力的年轻一代身上，描述在他们周围发生过的遭遇。

其次，对于未来的话语表达中，常常见到以下用语：the immediate future、he near future 和 the not too distant future。为了创造未来的前景，行动在当下人对待生活和工作的主流态度，他们认为通过自身努力和不断挑战自我就能抓住眼前的即将到来的机遇，从而取得成功。这种乐观主义最大的体现，使得他们愿意努力提高自我来实现理想的自我价值，有谚语为证。

快速的生活节奏和工作效率是当代西方人的特点，高效和快速的生活理念深入人心。人们认为这也是衡量生产力的基础，整体工业化的流水线作业推动了西方经济的繁荣。

（四）对待生活

中国传统文化讲究"求稳"心态，"求稳"意味着保持平稳心态和安逸的生活状态，内在的休养生息是为了保持自我的内心强大。而修身是通过对德行的深层领悟和对艺术的深刻见解来达到自身新的高度，养性则是将人的精神世界展开，以此与外部自然环境和其他事物和谐共处。这种心态强调提高人的德行和精神境界，而不是过多地关注物质财富。在印度教和佛教的思想下，教徒们花大部分时间冥想沉思，感悟生命的真谛，试图净化自己，达到自身修养的全面提高。而这种心态反映在很多方面。无论是古代还是现代，传统的中国女性被教导要带有文静而优雅。而中国女性由于这种性格特征而制作出来了闻名世界的刺绣工艺品。人们将自己居住的地方称之为故乡，希望长久地生活在固定的地方，生在哪里就死在哪里。甚至古时的人们面临战争和饥荒这样巨大的灾难时也不情愿离开自己的故乡，即使被迫逃亡异乡之后也会发出"每逢佳节倍思亲"的感慨。这种"求稳"心态有三方面的主要原因：第一，中华文明建立在农业之上，而对土地的依赖使得人们世世代代都选择在同一片土地上生存下去，所以无论是社会因素还是地理环境因素都很难导致人们离开自己赖以生存的最初的居住地。第二，由于地理位置特殊，中国的边境上绵延的山脉和河流将自身与邻国相隔开，使得对外交流变得困难。第三，长期存在的封建制度保留了人们固有的意识形态，使得人们多数时候不愿意面对改变和迁移。

西方历史中，你会看到生活处处是为了打破传统的束缚。西方价值观下更突出冒险精神，从 19 世纪中叶在西进运动的影响下初步产生，再由一代代移民继承和推广，象征着抓住机遇获得成功的实践精神。西方文化的本质就是变化，一切事物都在改变的过程中，并从未停止。变化带来了创新和活力，使得更多的目标得以实现，就像"有志者事竟成"。所说的道理一样。他们相信人类掌控自然，同时不断进步，应该学会探索新领域。所以他们努力从事生物技术的研究，探索宇宙，发现和利用新能源技术。乐观的态度使得他们在面对未来时充满信心。他们努力改进科学技术，提高人类的生活环境和生活条件。总之，变化、发展、进步与未来同步，会给人类带来一个光明的未来。

（五）英汉文化价值取向对比

在集体中生存，维护集体的利益，这是中国文化下集体主义价值观对人们做出选择或行动时产生的直接影响。在多数时候，中国人总是避免先做出自己所要表达的思想。而在表达自我想法之前，人们会先来观察周围的人是怎么想的，要说些什么，以便让自己的意愿与集体保持一致。一致原则在中国传统文化中保留了下来，在历史长河中决定了中国人的集体决策来体现一致性的思维方式，即在任何想法说出之前，要考虑周围人的感受。在任何行为做出之前，要考虑对他人产生的后果。孔子的代表思想认为，要想保持事物稳定就必须与周围相关的一切和谐共存。无论是个人还是社会，都必须遵循和谐的自然法则。其次，为了顺应社会大环境的发展，人们应该牺牲小我，奉献大我。在一致原则下，任何个体的想法和言语都必须与集体保持统一，对集体拥护带有激情，与其他集体下的成员相互紧密联系。因此，中国人喜欢依赖与自己亲密的人，共同合作来完成目标。当自己的想法与集体的决策产生冲突时，应该放弃自己的不同意愿，而保持集体能够产生一个单一的最终决定。谚语"先天下之忧而忧，后天下之乐而乐"就反映了这种集体主义价值观的内涵。

西方价值观则特别强调个人主义，认为个人存在的价值至高无上。广泛的自律，让人拒绝一切他人的主观干涉，因为那可能会影响个人的发展，给自身自由发展造成巨大障碍。统计一下他们在生活中使用英语中的前缀"自我"的次数，你就会知道个人这个概念在生活中的重要性。西方哲学家认为，矛盾普遍存在于世界上任何角落。从宇宙分离后的形成开始，人类就进行着征服自然的各种活动。如果不能得到他想要的东西或者实现自我抱负，他就不会承认这是他自己的命运。而西方这种个人主义作风来源于开拓边疆、打破荒野后留下的文化遗产。因此，西方价值观鼓励追求个人幸福，争取个人权利，敢于挑战权威，鼓励自我自由发展，最大程度地实现自我成功。

三、节日文化的差异

（一）节日文化的差异性分析

1.西方节日文化

西方节日大多起源西方宗教的传统节日。复活节彩蛋作为复活节的象征就代表了人们对新生命降临以及季节更替的喜悦；情人节、父亲节、母亲节是非常有人情味的节日，充满了人文关怀，和人们的生活密切相关，也和基督教的精神一脉相承。情人节历史悠久，是一个专门属于恋人、夫妻的节日，在节日期间，恋人和夫妻相互赠送礼物来表达对彼此的感情。礼物多种多样，但是巧克力比较受女生的欢迎。父亲节和母亲节则是近代在人们的呼吁下创立的节日。在这一天，父亲和母亲可以享有特权，早上可以不必起床，而由子女做好早饭后送到父母的床前让父母享用。同时，孩子们还会送上精心准备的礼物来表达对父母亲的爱。代表母亲节的花朵是康乃馨，代表父亲节的花朵是石斛兰。

2.中国节日文化

中国的节日文化有着丰富的内容，蕴含着复杂的中国文化，我国的节日大多来自传统的农耕社会，和农时有关。中国的节日文化也和特定的主题文化、风俗等中国传统文化有着密切的关系，反映着中华民族积淀起来的传统智慧和生活情趣以及人与自然、人与人之间的关系，隐含着民众深层的生活和价值取向，并且因时间、地点和环境的变化代代相传。例如，清明节来源于古代帝王的"墓祭"之礼，也有的说是为了纪念晋文公的忠臣介子推。发展到现在，清明节的主要习俗就是祭祖扫墓，悼念逝去的亲人，这对于敬畏祖先的中国人来说也是非常重要的节日；在八月中旬，人们为了庆祝农业的丰收而把八月十五称为中秋节，这一天也是月亮最圆的时候，象征合家团圆，于是人们一边享受农业丰收的成果，一边赏月。

（二）节日庆祝方式的差异性分析

1.西方节日庆祝

西方人庆祝节日不太注重"吃喝"这样的身体享受，对于他们来说，重要的是制造欢聚的浪漫气氛并享受由此带来的精神乐趣。因此，西方人在庆祝节日时，侧重发挥创意来营造欢乐的节日气氛。

首先，西方人在节日期间总是会汇聚在教堂参加盛大庄严的礼拜仪式，唱颂歌，做祷告等。

其次，西方人喜欢在节日期间汇聚广场狂欢。在盛大的节日期间，西方人喜欢走出家门，到大街上和众人一起狂欢。中国人在节日期间，一般都是各自待在家里。近年在中国流行的春节联欢晚会也说明中国人并不经常亲身参与到节日的狂欢庆祝中。虽然中国人也有春节和元宵节逛庙会的习俗，但是中国人大多都是和熟悉的亲戚朋友进行互动活动，很少和陌生人接触，而西方人则要开放得多，不管是陌生人还是熟悉的亲戚朋友，人们同样欢迎。

最后，西方人在节日期间也会进行家庭聚会，这和中国人重视家族观念的心理有一定的相似之处，但是，聚会的形式还是有所不同。中国的聚会大都是以饮食喝酒为主，而西方的聚会则是以玩乐为主。在聚会上，大家一起唱歌跳舞，尽享节日的快乐。聚会的形式也很自由，人们可以来去自由。

2. 中国节日庆祝

中国人重视饮食的习俗也反映在人们过年过节的食物上，很多节日都有专属于这个节日的食物，中国人庆祝节日的方式大多是和家人一起品尝这些具有节日内涵的食物。吃的东西不仅讲究形状，而且讲究味道，更讲究寓意。节日饮食已经内化为中华民族的一种民族心理，更成为一种文化符号。

例如，元宵节时传统的节日食物是汤圆，因为"圆"意味着家庭幸福圆满；中秋节时传统的节日食物是月饼，一家人在一起吃圆圆的月饼就象征着家庭的团圆和幸福；腊八节时人们要吃腊八粥，表示庆丰收之意。重阳节时人们都要喝菊花茶，吃重阳糕，这主要是为了祛除疾病。

这些各具特色的食物已经成为节日不可分割的一部分，如果过节时没有吃这些具有代表性的食物，人们就会觉得节日过得不完整。这些食物的由来和中国人的历史和生活息息相关，主要是因为农耕社会的人们平常农业劳动耕作比较繁忙，生活比较节俭，到了过节时，人们就会设法改善生活，因此就创造出了这些具有节日代表性的食物，这些食物表达中国人对于节日和生活的美好祝愿。

（三）中西方节日的传播

1. 西方节日在中国

凭借西方文化的强大传播力，圣诞节、情人节、母亲节、父亲节等西方节日现在已经基本上发展成为全球性的节日，它们在中国也非常流行。圣诞节是宗教气息浓厚的节日，除了信奉基督教的中国人明白节日的内涵外，大多数中国人都只是喜欢感受节日的气氛。中国向来是重视孝道的国家，但是却没有专门属于父亲和母亲的节日，因此，母亲节和父亲节在中国一下子就流行起来，受到人们的追捧。情人节作为专属爱人们的节日，在中国的年轻情侣间也比较流行，相爱的人喜欢在这天互赠礼物来表达爱意。

首先，与中国节日截然不同的庆祝方式，中国庆祝节日的方式基本就是在大家聚集在一起，吃些具有节日特色的食物。西方的庆祝方式大多注重玩乐，大家在一起唱歌跳舞，互相赠送礼物，交流感情。因此，西方新颖的庆祝方式让中国人觉得耳目一新，因而迅速流行开来。

其次，西方节日和人们的生活息息相关，宗教性的节日和人们的精神信仰有关，而母亲节、父亲节、情人节则显示了人们对亲情和爱情的重视，充满了人文关怀和浪漫气氛，非常能够引起人们的情感共鸣。中国传统节日大多和农耕时令以及一些传说有关，中国社会发展迅速，农业在人们的生活中已经不那么重要，而一些传说也和人们的现实生活联系不大，因此，中国人才会越来越喜欢过西方的节日，西方节日在中国也越来越有影响力。

2. 中国节日在西方

中国的节日文化和中国的历史、社会等紧密相关，具有鲜明的民族性。由于处于共同的文化圈，中国的节日文化对一些周边的国家影响深远。但是，西方和中国不仅相距遥远，而且发源于不同的文化，因此，中国的节日对于西方人来说还是很陌生的。但是，随着中国越来越强大，中国在世界上越来越有影响力，中国的节日也一定会被越来越多的西方人所了解。

四、礼仪文化的差异

在人们的社会交往中，人们的一言一行都受到习俗的影响，习俗规定了人们应该如何称呼别人，如何感谢别人，如何赞美别人，如何邀请别人，如何送礼，如何对待老人和女士。

（一）称谓用语差异性分析

在社会交往时，我们首先要互相称呼，如何称呼才能显得有礼貌是我们首先要考虑的问题。中西方两种称谓系统在不同的文化环境中孕育发展，因而形成了各自不同的形式和规则。

中国人的自我称呼形式体现了"贬己尊人"的礼貌原则。中国人常谦虚地称自己为"鄙人""在下""不才""小人"等，称呼自己孩子为"犬子""小女"，称呼自己的妻子为"拙荆""贱内"。在称呼他人时，中国人的称谓形式体现了"上下有义，贵贱有分，长幼有等"的礼貌原则。这条礼貌原则要求称呼者只有分清楚自己和被称呼者之间的辈分、长幼和关系等问题，才能正确地称呼别人，因此中国人的称谓形式是十分复杂的。比如，对于女性长辈亲属的称谓，仅仅是因为亲属关系的不同就可以分为伯母、婶母、姑母、姨母、舅母。下级对上级的称呼则一般是称呼对方的官职，如主任、科长、局长等，有时可以在官职前面加上姓，如果直接以姓名相称就意味着不尊重权威，不尊重领导，以后的工作可能会受到影响。

相比之下，西方的称谓形式要相对简单得多。西方的称谓语更多的是体现了人与人之间的平等关系，因此，人们往往喜欢以姓名相互称呼。某些开明的父母甚至会让孩子直接称呼自己的名字，某些大学老师也会在第一节课上告诉大家可以称呼他的名字。但是在特别正式的场合里对某些特殊的人物则有例外，比如，我们只能用"Mr. President"来称呼总统。汉语中用姓名互相称呼多用于同辈人之间，比如同学、朋友、同事等。如果是关系比较好的朋友，那么也可以称呼对方的小名或者绰号等。

（二）感谢方式差异性分析

在中国，人们的人际距离和个人独立性比较小，因此中国人把关系亲密的人当成是"自己人"，这就意味着彼此之间不分你我，相互之间的帮助都是应该的。如果"自己人"之间还要道谢，那就是"见外"，表明要和他拉开距离，关系不再亲密。因此，中国人对于身边亲密的家人和朋友倒是不经常道谢的，如果一个中国的父亲对自己的儿子说"谢谢"，人们肯定觉得不正常。但是对于不太熟悉的人还是要说谢谢的，比如，一个陌生人帮了你一个忙，你是一定要说谢谢的，否则人家会觉得你不懂礼貌。下属对上司也要经常致谢来表达恭敬和礼貌。

在西方，人们的日常生活经常会用到 Leech 提出的"赞誉准则"，那就是尽量表达对别人的赞誉，因此，对于西方人来说，"Thank you"是经常挂在嘴边的，也是经常听到的。即使是夫妻之间，父母和子女之间，也会经常相互说"Thank you"，更不用说是对公司领导和同事，亲戚朋友，甚至陌生人了，谢谢是一定要经常说的。

（三）赞美方式差异性分析

赞美是一种品德，被赞美是一种快乐。被别人赞美也会偶尔由衷地赞美别人。赞美可以拉近人们的距离，从而使人际关系更和谐。但是，中西方的人们对于赞美的反应是截然不同的。比如，在一所大学里，如果一位英语外教赞美了一位中国女老师的衣服说"你的衣服好漂亮啊，非常适合你"。这么直接的赞美肯定会让这位中国老师不好意思接受，她就会通过贬低这件衣服，来说明她的衣服不值得赞美，比如她可能会说"这已经是旧衣服了，不怎么能穿了"。这会让这个外教老师很困惑，他会怀疑自己是不是说错了什么。但是如果上述语境中被赞美的人也是一位英语外教，那她一定会说"Thank you very much! You are very kind!"。赞美人听到别人感谢自己的赞美也会很高兴的。

中西方的人们对赞美的不同反应主要是因为人们采用不同的礼貌原则。在中国非常直接的赞美并不是很常见。如果受到了赞美，中国人也多是采用"谦虚原则"，通过竭力贬低别人所赞美之处，来说明别人所赞美的地方并不值得赞美，以此来显示自己的谦虚。西方人通常会采用"赞同原则"，对于别人的赞美不会否定，而是欣然接受别人的赞美并感谢别人的好意。

（四）邀请方式差异性分析

"面子"与"求同原则"是一致的，如果甲某请求乙某做某事，乙拒绝了甲的请求而不愿意做，那么乙就违背了"求同原则"，也就是不给甲"面子"。由于人们使用的礼貌原则的不同，中西方的人们在面对邀请时的反应也不相同。

如果一个中国人到朋友家去做客，主人问他要不要喝茶，虽然这个人可能很渴，但是他仍然会说："太麻烦了，不用了。"主人这时就会再次热情强调说："一点都不麻烦，水已经烧好了。"客人这时才会说："那好吧。"因为在汉文化里，中国人首先会遵循德言行礼貌准则而认为劳烦别人做事是给别人增加负担，也就是说直接接受邀请是不礼貌的，所以，中国人一般都会推辞说"不用了"。但是中国的主人一般都会显示热情好客而反复强调一点都不麻烦，客人此时才会采用"求同原则"而接受主人的邀请，如果此时客人再推辞就会显得不尊重主人的好意，主人就会太没"面子"。

西方人在面对邀请时一般都采用"求同原则"，尊重自己的需求，不会为别人考虑太多。主人请客人喝咖啡，客人如果想喝，他就会直接接受，如果不想喝，他也可以直接拒绝。另一方面，西方文化尊重个人意志，勉强别人可以看作是对他人意志的不尊重，所以他们不会重复邀请。如果客人说不想喝，主人就会知道客人是真的不想喝，从而不会再勉强。

（五）送礼文化差异性分析

在中西方都非常流行送礼，因为这样可以拉近人与人之间的距离，但是中西方在送礼的具体做法上却有很大的不同。

中国人普遍认为，礼物的贵重程度和人们的心意相联系，礼物越贵重就越有诚意。人们送礼普遍遵从这一原则，送的礼物一般都比较贵重，因为廉价的礼物可能会被认为诚意不足而得罪人。尽管可能礼物很贵重，但是送礼者还是会说"一点小意思，不足挂齿"，收礼的人总是会推辞说"你太客气了，带礼物做什么"。送礼者多次推让，主人才会收下礼物。收下礼物后，主人也不会当着客人的面打开礼物，因为那会让客人觉得自己贪婪，只能是客人走之后主人再打开礼物。从上面的表述我们可以看出，中国人在送礼和收礼的过程中主要展示的是"谦虚"原则和德言行原则。即使礼物很贵重，但是送礼者也会尽可能地贬低礼物的价值，减少收礼者的心理负担，让收礼者容易接受礼物。

西方人则更看重礼物所包含的情义而不是礼物真正的价值。"礼轻情意重"对中国人来说只是谦虚，但是对西方人来说却是事实。虽然西方人送的礼物可能比较简单，但是在送礼时他们都会特意说明礼物是精心挑选的，并指出礼物的特点、用途和寓意等。主人在收到礼物时，都会当着客人的面打开礼物，对礼物进行一番赞美，并感谢客人的好意。

（六）对待女性礼仪差异性分析

女士优先是指在社会交际场合，成年男性应该尊重、照顾和保护女性。女士优先的起源有多种说法，有的说起源于欧洲的骑士对待女士的礼仪，有的说是源自对圣母玛利亚的尊重，还有的说源于对弱小女性的同情。按照女士优先的原则，女士下车时，男士要帮女士开车门；门开时，男士应该让女士先进；进入房间后，男士还应该主动帮女士脱大衣、找座位等。

中国对待女性的态度与西方有着明显的不同，传统的中国封建思想认为女性都是男性的附庸，因此，中国封建礼教处处打压女性而不是尊重女性。"男尊女卑""重男轻女"的现象在中国很严重。我国在上车、进房间时都是不分性别的，通常情况下是领导、长者有优先权。但是，随着中西方文化的融合，中国人也越来越接受女士优先的礼仪原则，认为礼让女士的男士是有风度的，歧视女性的现象有了根本的改善。

（七）对待老人礼仪差异性分析

在中国文化中，老人具有丰富的处世经验，因而被看作权威的象征，因此中国人以尊重老人和关爱老人为美德。对老人特殊的优待认为是社会对他们的尊重。西方人对此的观点是完全不同的。西方人认为年老意味着能力的退化，因此，他们特别忌讳别人说自己老了。

西方社会对老年人的称呼都是"senior people"，而不是"old people"。如果是一位对这方面不太了解的中国人，出于好心而主动提出帮西方老年人干一些体力活时说，"您老了，这体力活让我们年轻人来做吧"，虽然可能这位年轻人的本意是尊重老年人，但是实际上却冒犯了西方老年人，因为在西方人的观念中，这位中国人的话是对老年人能力的质疑，甚至是人格的侮辱。

第二节　英汉社会文化对比及翻译

英汉社会文化涉及的范围很广，包括数字词、颜色、服饰和饮食等方面，对这些文化的深入理解，有利于顺利开展跨文化交际活动。本节重点阐述英汉数字词文化、英汉颜色文化、英汉服饰文化和英汉饮食文化方面的对比与翻译。

一、英汉数字词文化对比及翻译

（一）英汉数字词对比

1. one —— 一

"one"在英语文化中被奉为万物的源泉，是上帝也是创造万物的象征，代表至高无上的权力；"一"在汉语文化中是数字的开始，也是万物的起始和根本。

因此在英汉文化中"one"和"一"的意义有很多相同的地方，都表示同一个、一致等；"one"和"一"也有不对等的文化内涵，汉语中含有"一"的成语、习语等词汇中搭配不同的词语会产生不同的词语意义。

【示例】as one 一致

one and the same 同一个

one flower makes no garland 一朵花做不成花环

one swallow doesn't make a summer 一只燕子形不成夏天

one and only 绝无仅有

一箭双雕 kill two birds with one stone

千里挑一 one in thousand

一见钟情 fall in love at the first sight

一针见血 hit the nail on the head

一而再 once and again

一本万利 make big profits with a small capital

一个巴掌拍不响 it takes two to make a quarrel

"一国两制" one country, two system

【示例】天人合一、万众一心、清一色、同一个世界，同一个梦想、一针一线、一笑千金

2. two —— 二

"two"在英语文化中被视为不吉利，一个原因是源于骰子的复数形式（dice），另一个原因是普路托之日，因此英语文化中的"two"是变化的一天、不和的一天、邪恶的一天，是不幸运的、消极的数字。

【示例】two-timer 骗子，爱情不专一的人

stick two fingers up at somebody 对某人很生气或不尊重某人

"二"在汉语文化中是最小的偶数。在古代哲人看来，世界是由两种物质构成的。"二"指的是阴阳双气，也指天地，阴阳交合生成世间万物。另外，"二"在汉语中与"双""对""两"等同义，中国人讲究对称之美，有"好事成双""出双入对"等说法，所以"二"在古代哲学中符合中国人的审美标准。随着时间的推移，"二"被赋予了更多意象，比如"二心"等，意为不忠诚和改变等。

【示例】Two of a trade never agree 同行是冤家

Two heads are better than one 两个总比一个强。

second to none 首屈一指

Put two and two together 综合起来推断

【示例】二锅头、二流子、二鬼子、双喜临门、两叶掩目、两面三刀

3. three —— 三

"three"在汉语文化中是一个完美的几何数字，不管是世界（天空、大地、海洋）、大自然（动物、植物、矿物质）、人（心灵、肉体、精神）、基督教的"三位一体"、政权（行政权、立法权、司法权）、三角形等，都可以代表固定的、完整的、圆满的、神圣的存在，英语文化中的"three"有着丰富的内涵。

【示例】three handkerchief 催人泪下的伤感剧

All good things go by threes.

一切好事以三为准。

three sheets in the wind 醉得东倒西歪

Number three is always fortunate.

第三号一定运气好。

three-ring circus 乱糟糟的场面

A wicked woman and an evil is three halfpence worse than the evil.

一个坏老婆和一件坏事情比坏事情还要坏。

When three know it, all know it.

三人知，天下晓

It takes three generations to make a gentleman.

三句话不离本行，富不过三代，事不过三

To him that does everything in its proper time, one day is worth three.

事事及时做，一日胜三日。

"三"在汉语文化中无论从哲学方面还是道教方面都演化为开始、多的意思，前几年热播的古装电视剧《三生三世十里桃花》，让我们更加深刻地认识到生命的轮回，也存满了对永久爱情的美好向往。现代汉语中"三"涉及社会文化生活中的方方面面，显示出异常活跃的应用。

【示例】三才、三清、三思而后行、三省吾身、一日不见如隔三秋、三顾茅庐、三更、三角恋、三思而后行、三言两语、三线建设、三农问题、三人行必有我师焉、三个臭皮匠赛过诸葛亮

4. four —— 四

"four"在英语文化中有丰富的内涵，象征组成物质世界的四种元素（water、fire、earth、air）；也表示地球的四个角落；英国和美国文化中对"four"尤为崇拜，是公平和正义的象征，最有代表性的就是罗斯福提出的"四大自由"理论；在英语文化中"four"有时也有贬义的意思。

【示例】four-letter words 庸俗下流的话语

forty-four 妓女

"四"在汉语文化中的内涵完全不同于英语文化，汉语中的"四"象征平稳、昌盛、安定、天圆地方；也象征四个方位；"四"在一些汉语成语中也带有贬义。另一方面，"四"又和汉语"死"谐音，因此也被视为不吉利的数字，在医院、

办公楼、宾馆等地方，都避免"4"号床位、办公室和房间。

【示例】四平八稳、四季发财、四合院、四世同堂、不三不四、低三下四

5. five —— 五

"five"在英语文化中也是一个不吉利的数字，主要源于耶稣受刑的星期五，因此多象征着带来厄运的一天；"five"也有"婚姻数"的说法；"five"有时还象征着人类的弱点。

【示例】the Fifth Column 被敌军收买的内奸

five-fingers 小偷，扒手

black Friday 黑色星期五

"五"在汉语文化中被看作是和谐、优美、核心、重要的象征。

【示例】五党为州、五州为乡、五伦、五常、五行、五星红旗、九五之尊

6. six —— 六

"six"在英语文化中是魔鬼的数字，象征邪恶；也象征"循环""无休无止"的涵义；还代表上帝创造的人类世界。

【示例】hit (knock) for six 彻底打败，完全挫败

six penny 不值钱的

six of the best 一顿痛打

six to one 力量相差悬殊

at sixes and sevens 乱七八糟

"六"在汉语文化中是非常受欢迎的数字，代表时间和空间的和谐，也表示顺利、吉祥的意思。

【示例】六合、六六大顺、眼观六路、六经、六艺、六家、六韬、六典、六部、六宫、六腑

7. seven —— 七

"seven"在英语文化中代表智慧女神雅典娜，是智慧的象征；"seven"还是人生中童年、成熟年龄、婚姻年龄等主导人类生活的 7 岁、14 岁和 21 岁；"seven"还是吉利的象征。另一方面，西方认为的七宗罪，"seven"有着消极的寓意。因此"seven"在英语文化中的地位非常重要。

【示例】seven virtues 七大美德

the seven sacraments 七大圣礼

mild seven 一种香烟的品牌

7-Eleven 美国的连锁店

the seven heavens 七重天

lucky seven 幸运之七

the seven spiritual or corporal works of mercy 七大精神（肉体）善事

keep a thing seven years and you will find a use for it.
东西保存时间长，终会派上用场。

the seven gifts of the spirit 圣灵的七份礼物

be in seventh heaven 非常快乐

"七"在汉语文化中有长久、神圣的涵义；中国民间去世之人的忌日，因此"七"也常常让人联想到死亡；

【示例】七夕、七日来复、七日、二七、五七、杂七杂八、七窍生烟

8. eight —— 八

"eight"在英语文化中与其他词汇构成短语，并没有本身的意义；"eight"也代表稳固、和谐的意思；《圣经》中的数字"eight"象征着上帝的爱。

【示例】behind the eighth ball 穷途末路，处于不利地位

半斤八两 be six of one and half a dozen of the other

have one over the eighth/be over the eighth 酩酊大醉

处在困境中 behind the eight ball

"八"在古代汉语文化中有分开意象，也代表八个方位，在我国的一些地方还是一个禁忌的数字；但是在现代汉语文化中，"八"与"发"谐音，是发财、发福的意思，也能给人带来愉快的心情。

【示例】四面八方、八卦、八宝、七不出门，八不还家、八件礼物

9. nine —— 九

"nine"在英语文化中是一个神秘的数字。在西方文明中，nine有很多宗教与历史意义，所以现代英语中的nine多用来表示众多、完美、长久等意思。"six"是两个"three"，代表"双重完美"，"nine"作为三个"three"则具有"多重完美"之意。

【示例】nine day's wonder 昙花一现／轰动一时的人或物

to have nine lives 命大

crack up to the nine 十全十美

a wonder lasts but nine days 昙花一现

a stitch in time saves nine 一针不缝，九针难补

be dressed up to the nines 盛装出席

ninety-nine times out of a hundred 几乎没有例外

a cat has nine lives nine tenths 猫有九条命

"九"在古代汉语中象征极致、尊贵、神圣、吉祥，古代中国称天、地、人、官、水、歌、宗庙、寒冬等的说法中，均有"九"；另外，中国古代建筑也与"九"有着紧密联系。"九"符合中国古代的建筑审美原则，例如北京城最早有九个城门，天安门是九重楼，故宫有九重院落，就连建筑中的台阶与石柱都是九的倍数。因此"九"一直被中国人视为是一个吉利的数字。

【示例】九重天、九霄云外、九州、九域、九级、九品、九河、九歌、九庙、九个九、九九重阳节、九牛一毛、九死一生

10. ten —— 十

"ten"在英语文化中是一个完美的数字，代表了世界的各个方面，因此被视为宇宙世界的秩序，一个完整的世界。

"十"在汉语文化中也被象征完美、久远的意义，也是一个被中国人视为吉祥的数字。

【示例】十年树木，百年树人

It takes ten years to grow trees, but a hundred years to rear people

十有八九 nine out of ten

(二) 英汉数字词文化翻译

由于英汉文化习惯的不同，在使用数字表达某些概念方面存在差异。汉语是形式、声音和意义的结合，强调意识。它也反映了汉族人认识周围世界的直觉思维方式。英语数字结构表明，西方民族对外在事物的反思不仅依赖于本能的感性知识，而且依赖于抽象的理性表达，是一种分析性的思维模式。许多英文和中文的表达方式都有数字，但它们并不相同。

1. 数字量词的翻译

在汉语中使用数字和名词组合时，量词在连接句子中起着重要的作用，否则句子表达不清，但在数字和英语名词组合中不需要使用量词，不用量词就能准确表达数量。下面是一个例子。

【示例】An airplane took off one hour ago.

一架飞机在一小时前起飞了。

在上面的例子中，英语中没有量词，但当它被转换为汉语时，必须使用量词"架"，否则句子在汉语意义上就不会流利和准确。

有时在英语表达中使用量词，但在英语中限定词是有限的，所以有些名词用相同的量词来表示。

【示例】A cluster of flowers 一束鲜花

A cluster of grapes 一串葡萄[①]

A pot of soup 一锅汤

A pot of back tea 一壶红茶

在上面的例子中，虽然只有一个量词在英语表达中使用，但在翻译成汉语时，应该注意使用量词。

2. 英汉数字中隐含意义和模糊意义的翻译

（1）数字隐含意义的翻译

对于英语和汉语文化中的数字，量词具有隐含意义和假义。前者指量词的实际意义。至于隐含意义的翻译，我们选择保留量词并直接翻译它们。

【示例】一步登天

Reach the sky in one step.

聪明一世，糊涂一时。

Clever all one's life, but stupid this once.

两个成伴，三人不欢。

Two's company, three's none.

（2）数字模糊意义的翻译

这是指数字不是准确的数字，而是具有特定文化意义的图形，通常用于文学中的模糊意义，主要用于表达夸张、强调或隐喻。模糊意义的使用可以使文学语言更加生动、简洁，因此对人物模糊意义的理解就是文化意义。

①汉语中的数字

【示例】曾子曰："吾日三省吾身——为人谋而不忠乎？与朋友交而不信乎？传不习乎？"

Zeng Zi said, "1 daily examine myself for several times: have

---

① 洁瀚主. 最易掌握的学英语规律 338 条 [M]. 上海：上海科学普及出版社，2008.

l been conscientious in working for others? Have I been sincere in making friends? Have I reviewed what my teacher taught me?"

隔断红尘三十里，白云红叶两悠悠。

This brook in hills is far away from the world of mortals, all I could see is nothing but white clouds and maple leaves.

欲穷千里目，更上一层楼。

lf you desire to have a good and boundless sight, come to upper storey by climbing one more flight!

在上面的例子中，"三"不是真正的数字3，而是指很多次，所以被翻译成"几次"。"三十里"也不是一个准确的数字，它也是一个很远的地方，所以它被翻译成"遥远的"。"千里"也不是指千里之外，而是指更广阔的视野，所以它被翻译成"好的和无边无际的"。

②英语文化中的模糊数字

【示例】Don't worry we have a thousand and one ways to do it.

不发愁，我们有许多方法可以做的。

How many times do I have to tell you not to leave your homework till the eleventh hour?

跟你说了多少遍了，别把作业留在最后一刻再做。

在上面的示例中，"a thousand and one ways"按字面意思可以翻译为"一千零一个方法"，但是这里指许多方法。"the eleventh hour"被翻译为"最后一刻"。

③词汇空缺的翻译

英汉互译中由于不同的文化背景、生态环境、宗教信仰等造成的文化差异，会出现英汉环境中词汇空缺的现象，这种词汇空缺的翻译有以下几种情况。

A. 汉语词汇空缺的翻译

【示例】four leaf 幸运草

five and dime 廉价物品商店

the fifth wheel 累赘

eleven plus examination 英国11岁儿童参加的小学毕业升中学的考试

Twelve 基督的十二圣徒

以上示例中的英语数字词汇，在英语文化中有特殊的用法，而在汉语翻译中不能直接翻译过来，出现汉语词汇空缺。

【示例】four hundred 在一个地区或最时髦的上流社会中的一个名人（美国英语中的含义）

Five it 引用美国宪法第五修正案拒绝回答问题（美国俚语）

The Fifth Column 来自敌人或隐藏的叛徒的间谍

five dollar words 复杂的字眼

Catch 22 第二十二条军规

twenty three 滚开

以上示例中的英语文化中具有联想意义的含有数字词汇，在汉语文化中没有相对应的词语翻译出来。

B. 英语词汇空缺的翻译

在英语文化中没有人会叫"张三""李四""王五"，在英语文化中被引入汉语拼音意义被翻译成英文。

【示例】四书 the Four Books

五经 the Five Classics

四人帮 Gang of Four

三国 Three Kingdoms

"一国两制" One country, Two systems

【示例】蝴蝶梦中家万里，杜鹃枝上月三更。

In a fond dream, I see my home thousands of miles afar. Yet when I wake up, it was a cuckoo in my sight on a twig and the moon at midnight.

人生有酒须当醉，一滴何曾到九泉。

Enjoy your wine and get intoxicated as long as you have your days. Not a single drop you could taste after your life in the graves.

一封朝奏九重天，夕贬潮阳路八千。

To the Celestial Court, a proposal was made. I am banished eight thousand miles away.

从上面的例子来看，在古代中国人把夜晚划分为五个时区。我们叫"五夜"或"五更"，而"三更"指的是晚上 11 点到 12 点之间的时间，也就是午夜。"九泉"在中国的意思是地狱，所以这里的意思是"after your life in the graves"。"九重天"在古代指的是皇帝所居住的宫殿，所以它就是"the Celestial Court"。

在英汉数字的翻译中，要注意单纯意义和模糊意义，然后根据其真实意义进行翻译，以避免在交流中出现错误。

二、英汉颜色文化对比及翻译

（一）black——黑色

"黑色"无论是在中国文化中还是在西方文化中都不算是一个具有褒义意义的颜色。但是由于受到西方文化的影响，黑色的象征意义变得有些复杂。

1. 英语中的"black"

"black"在英文中既有褒义内涵，也含有贬义内涵。褒义内涵在英文中表示庄重、尊贵和赢利；贬义内涵其联想意义和死亡、灾难、肮脏、邪恶、没有希望以及气愤等意思相关。在西方黑色和中国人眼中的白色一样，是一种禁忌色，它体现了西方人精神上的摒弃和厌恶。如 black sheep（败家子）；black dog（沮丧情绪）；a black day（凶日）。在西方黑色除了表示不吉利和凶兆，它还是一种代表着悲伤的颜色。像英美人出席葬礼时都会身着黑色礼服；英语中的 Black Friday 指耶稣在复活节前受难的星期五，西方人因此认为这是一个是悲哀的日子。除此之外，黑色在英语中也象征着气愤和恼怒，如 black in the face（脸色铁青）脸色铁青；to look black at someone 怒目而视。

【示例】in the black 赢利、有结余

a black letter day 凶日

black words 不吉利的话

black man 邪恶的恶魔

black guard 恶棍、流氓

a black eye 丢脸、坏名声

the future looked black 前景暗淡

black news 坏消息

black mood 情绪低落

black list 黑名单

black sheep 败家子

black dog 沮丧情绪

black look 恶狠狠地看一眼

black in the face 气得脸色发紫

black mail 敲诈；勒索；敲诈或勒索之款

a black look 怒目

be black with anger 怒气冲冲

things look black 情况不妙

2. 汉语中的"黑色"

"黑"在汉语中也有褒义内涵和贬义内涵。在传统汉语中，黑色不存在贬义之意，而在不断发展的中国文化中，黑色的内涵越发复杂，褒义和贬义的内涵一直在对立的矛盾中共存。在中国，黑色是一种阴森、凝重且严肃的色调。一方面它象征着邪恶和反动，如"黑心""黑帮""洗黑钱""黑店""黑名单"等；另一方面它代表着正义，像京剧中的黑脸谱张飞、李逵，又如民间传说中刚正不阿的"包黑炭"。汉语中黑色的褒义内涵也表示尊贵、庄重、正式和公正无私等意义；其贬义内涵联想意义有邪恶、恐怖、厌恶等。

【示例】铁匠 black smith

背黑锅、黑势力、黑爪牙、黑人黑户

（二）white——白色

1. 英语中的 white

白色在西方国家表示纯洁与洁净，象征着纯洁无瑕，和中国婚礼上的红色形成鲜明对比的莫过于西方婚礼上的白色了。白色成为婚礼上的礼服颜色起源于维多利亚女王在1840年的王室婚礼上穿的一袭由漂亮的中国锦缎制作而成的白色礼服，拖尾长达18英尺，并配上白色头纱，从头到脚的纯白色，惊艳了全场。后来王室和上流社会的新娘竞相效仿，于是白色在西方人眼中就成为真诚和纯洁的象征而成为西方婚礼的主色调。新娘的婚纱是白色的，婚礼现场布置是白色的，婚礼蛋糕是白色，婚车是白色的。

在英语中白色还表示快乐、欢快与吉利。西方的圣诞节是最重要的节日，他们喜欢在圣诞节进行滑冰和滑雪等户外活动；还表示善意的举动。

【示例】white wedding 白色的婚纱

White men 品德高尚且有修养的人

A white day 吉日

2. 汉语中的白色

汉语中的白色既有褒义内涵，也有贬义内涵，还有表示中性内涵。白色在中国基本上是一个忌讳词，尤其是在中国古代。就是现在，在大多数老一辈人的眼中穿白色衣服是不太吉祥的。因为在中国人看来，白色是苍白的、无生气的，它代表着凶兆或是死亡。比如说"红白喜事"中"白事"就是丧事；戏剧中的"白脸谱"代表着奸佞小人。这样的词汇还有很多如"白费力气""白痴""白眼狼"等都说明了白色在中国的"不受欢迎"。

【示例】清白、白璧无瑕洁、白如玉、又白又胖

上述示例中的汉语白色，就会让人联想到圣洁、洁净和坦诚，也会联想到女性肌肤的白皙美，还能联想到婴幼儿又白又胖的婴儿美。

【示例】白痴、白忙、白费力气、白干

上述示例中的白色，能体现出汉语文化中表示愚蠢、智力低下、失败或无利可得；也会表示出力不讨好的意思。

【示例】皆白衣冠以送之

这是《史记·荆轲传》中记载了荆轲与太子丹在诀别之时，众人前往易水河边相送的场景。上述示例中，汉语中的白色就表示诀别。

类似这样的汉语中的白色还表示凶兆或死亡。我们熟知的《三国演义》中也多次写到因送别亡人身着白衣白冠相送。这个传统一直到现代，有的地方一旦有人去世，家人会为其穿上白衣、白裤、白鞋子，悼念去世的人。

【示例】白衣（平民百姓）

白面书生（缺乏锻炼阅历不深的文人）

上述示例中的白色，就表示这人知识浅薄，没有功名。

【示例】白旗 white flag（失败的一方要以白旗表示投降）

马口铁 white iron

白皮书 white paper

白色恐怖、白区、白色政权

上述示例中的白色，就表示落后、反动或投降。

【示例】唱白脸、白眼狼

上述示例中的白色就表示奸邪、阴险，表示忘恩负义和见利忘义的人、戏剧中演奸臣的角色等。

【示例】真相大白、不白之冤、大白于天下

上述示例中的白色就属于中性内涵，表示事情明白、清楚，也会指无法破解的冤案和冤情，也会指将事实真相公之于众等。

（三）red——红色

红色在我们的世界中扮演着重要的角色，如天空中的红日，自然界中的红色火焰，以及动物身体中的红色血液。科学已经证明，红色是有益的，它是容易抓住眼睛和激活人的神经。在英汉文化中，红色也具有十分丰富的内涵。

1. 英语中的 red

在英语中的 red，比在汉语中的文化内涵更加丰富。不仅有褒义内涵，更多地体现在贬义内涵中。

【示例】the red carpet 红地毯

西方人在迎接贵宾时通常会用红色的地毯表达敬意，表示对对方的尊重；在西方一些圣餐仪式时也会穿红色的服装，例如圣诞老人的一声红衣和一顶红帽子。因此 red 在英语文化中表示"荣誉、尊贵、喜庆"，也会表现坚忍不拔的精神。

【示例】a red battle 血战

red revenge 血腥复仇

the red rules of tooth and claw 残杀和暴力统治

red hot political campaign 激烈的政治运动

see red 气得发疯、大发雷霆

red battle 红战

red in tooth and claw 红牙爪

They're all so terrified of Reds.

他们都很害怕红军

上述示例中的 red，表示暴力、流血、恐怖等，也指的是一个有共产主义思想或观点的人。在美国历史上，出现了两次红色恐慌，一次是在二战后，另一次是在 20 世纪 40 年代末和 50 年代的冷战时期。红色的恐慌没有持续多久，但它们是重要的事件。许多无辜的人不敢表达他们的想法，他们担心自己可能被指责为共产主义者。

【示例】red alert 空袭报警

A red cloth 一块红布

Red light 红灯

See the red 大难临头

Red-light district 花街柳巷

The Red Cross on the ambulance is so brilliant.

救护车上的红十字让人印象深刻。

Red colored words are printed in many warning boards.

在许多告示牌上的红色字印。

上述示例中 red，表示危险、愤怒、紧张和生气。红色警报是对巨大危险的警告，是警戒等级最高的警告。红抹布是让别人生气的东西。它的意思可能来自西班牙的风俗——斗牛。在斗牛中，一个牛仔挥动一块红抹布来激怒公牛。当公牛看到挥动的红色抹布。它会变得愤怒和烦躁，因此攻击牛仔。红色在某些地方被用来提醒人们一些特别的事情。

【示例】paint the town red 花天酒地地玩乐、出没于娱乐场所

a red waste of his youth 他那因放荡而浪费的青春

上述示例中的 red，表示放荡、淫秽，因为红色在英语文化中具有邪恶、诱惑等隐喻的内涵。

【示例】red balance 赤字差额

in the red 亏本

red figure 赤字

red ink 赤字

上述示例中的 red，表示在财政收支方面或者记账时的负数净收入，因此红色就会表示负债和亏损等情况。

2. 汉语中的红色

【示例】开红、红光满面、红日高照、满堂红、红利、红包、分红

上述示例中的红色表示兴旺和发达。

【示例】红人 a favorite person

红得发紫 very popular

红利 bonus

红角儿 popular actor or actress

红火 flourishing

满堂红 all-round victory, success

红榜 honor roll

上述示例中的红色表示成功和圆满。

【示例】红军 the Red Army

五星红旗 five-star flag

红领巾 red scarf

红色政权 red power

红星 red star

红色根据地 the revolutionary base

红宝书 chairman Mao's works

红卫兵 the soldiers

上述示例中的红色还会代表革命。

【示例】红润，红扑扑 ruddy, rosy

红光满面 in ruddy health

上述示例中的红色代表一种健康的情绪。

【示例】红玫瑰 red rose

红茶 black tea

红糖 brown sugar

开门红 make a good start

红白喜事 weddings and funerals

红线 red thread means marriage

红娘 matchmaker

在他们分别的前一天，他送给她一颗红豆。

On the day before their departure he gave her a red bean, which is a token of their love and remembrance.

朱门酒肉臭

behind the red gates of the rich, meat and wine are left to rot

看破红尘 being disillusioned with the mortal world

坠入红尘 step into human world

由此可见，在中国文化中，"红色"常与火、血的颜色联系在一起，中国人除了用红色来表示物体的颜色外，还会用它表达"热烈、欢快、喜庆、吉利、胜利、好运或受欢迎"等情感。在中国古代，王公贵族豪宅的大门多为红色，象征着富贵；在中国的戏剧中，红色还象征着正义忠良，如"一片丹心"；由于红色与"血"有关，所以其也含有凶兆、灾难之意，如"血光之灾"。可以说，

111

在中国，红色的正面意义要多于其负面意义。

红色的另一个最能体现中国婚礼特色要数新婚夫妇的着装了。在中国，因为红色象征着喜庆、红火、幸福，因此中国婚礼的主色调就是红色。中国传统婚礼服装就是凤冠霞帔和状元装，虽然现在这样的着装已经不太常见，但是，新娘的服装还是离不开红色。另外，对联、请柬也是红色的，婚礼现场的布置也是红的。在婚礼当天，新娘除了要穿喜庆的红色外，还不能穿任何"短"的衣物，否则婚姻将会不长久。

（四）blue——蓝色

1. 英语中的 blue

英语中的 blue 有着非常丰富的文化内涵。首先是象征歌颂大海，因为在英国的传统文化中海洋文化是最典型的，西方诗人们也会在诗歌中歌颂大海。Blue 在西方文化中还会表示高贵的地位、严格的法规和对事物的热情；blue 还会体现出人的低落、郁闷等的情绪和心情；还会表示色情、下流的事情和迅速、突然的状况等。

【示例】blue ribbon 最高荣誉的标志

blue laws 严格的法规

blue blood 贵族血统、名门望族

true blue will never stain 忠实可靠的人绝不会做坏事。

blue nose 严守教规的卫道士

to feel blue 闷闷不乐

to cry the blues 情绪低落

to look blue 深色沮丧

The song always makes me feel blue.

这首歌总是让我感到忧郁

He'd been feeling blue all week.

他整个星期都感到忧郁

in a blue mood 处于忧郁的情绪中

blue films/ movies 黄色电影

blue video 黄色录像

blue jokes 下流的玩笑

blue streak 一闪即逝的东西

out of the blue 突爆冷门

【示例】Blue-collar 蓝领

Blue-collar workers 蓝领工人

Blue Pages 蓝皮书

Blue law 蓝色法律

Blue alert 蓝色警报

He was dressed in a European-style suit of a pale grey material with pale blue stripes.

他穿着一身浅灰色底子淡蓝色条纹的西装。

在西方蓝领与在工业中从事体力劳动的人联系在一起。蓝领工人是在工厂、矿山等工作的工人。蓝皮书是美国电话簿中的一部分，上面有政府部门的名单和他们的电话号码。蓝调是一种节奏强烈的缓慢悲伤音乐，由美国南部的非裔美国音乐家发展而来。蓝色法律是一项禁止商业活动和某些其他活动的法律，例如星期日美国的体育活动。蓝色警报是一种对空气或台风的警报。

2. 汉语中的蓝色

在汉语中，蓝色可以使人们保持冷静和安静，心胸开阔。但它没有那么多文化负载的含义，蓝色都成的汉语词语也只是表示颜色，没有更多的引申含义。在汉语中的蓝色有时候会表示"依据"。例如在建筑中或者需要勾画图纸的时候，蓝本会指向初印本的设计图纸。

【示例】包青天 a just and upright official in the Song Dynasty

青天大老爷 term of address to a judge or a magistrate

青天 blue sky

重见青天 regain one's freedom, be released from prison

青云直上，平步青云

advance rapidly in one's career, shoot up into eminence

青云志 high ambitions

以上示例中的蓝色，表示正直、自由和高地位。

（五）yellow——黄色

1. 英语中的 yellow

在英语中 yellow 也有不同的文化内涵，有的会表示卑劣、胆小、猜忌。英语国家中的电话簿会用 the yellow pages 或 the yellow book 表示，只是表示是电话簿，而不是像汉语中的黄色书刊。

【示例】a yellow dog 卑劣的人

a yellow livered 胆小鬼

yellow looks 阴沉多疑的神色

yellow brass 黄铜

grease pump 黄油油泵

yellow ribbon 黄丝带

2. 汉语中的黄色

汉语文化中的黄色与英语文化中的 yellow 表现出截然不同的内涵。

【示例】黄榜 imperial edict

上述示例中的黄色表示尊贵、皇权或者富足。在古代社会中，黄色多象征着至高无上的地位。这或许是与中华民族文化的发祥地—黄河流域的中原地区有关，这里的土地是黄色的，且以农业经济为主。人们始终坚信，中华民族的始祖就是"黄帝"。中国古代帝王的服饰也都是以黄色为主。

【示例】黄毛丫头 chit of a girl

黄口小儿 sucking baby

黄发 yellow hair

黄童白叟，黄发垂髫

上述示例中黄色表示年轻或年长。

【示例】黄色窝点 vulgar places

黄色录像 pornographic video

黄色电影 pornographic film

黄色小说 pornographic novel

扫黄 anti-pornography campaign

上述示例中的黄色表示色情淫乱、腐化堕落。

【示例】面黄肌瘦 sallow and emaciated

人老珠黄 in old age, one is like a pearl that is yellowed with age—lose one's looks when old

黄皮寡瘦 pale and thin, sallow and skinny

上述示例中的黄色，则表示生病或衰老。

（六）green——绿色

1. 英语中的 green

英语文化中的 green，有着丰富的内涵。可以表示新手、没有经验、不成熟等，也可以表示新鲜，还可以表示妒忌，还可以表示金钱、青春和活力等。

【示例】to be green as grass 幼稚、无经验

green hand 新手

green from school 刚出校门的年轻人

green meat 鲜肉

a green wound 新伤口

green con 嫩玉米

green-eyed 害了红眼病、妒忌

green with envy 眼红

green back 美钞

green pound 绿色英镑

green power 金钱的力量、财团

a green horn 容易上当的糊涂虫

in the green wood 青春期

in the green 血气方刚

Green Peace Organization 绿色和平组织

green-house effect 温室效应

green card 绿卡

2. 汉语中的绿色

汉语文化中的绿色，象征新生和希望、青春与生命，是春天的颜色；也表示不忠；还有其他的绿色农业、绿色旅游等含义。

【示例】绿茶 green tea

春风又绿江南岸，明月何时照我还？

Spring breeze has again greened the southern shore of the water, When can the moon guide me home again and illuminate my way ?

沙漠绿洲 oasis of the desert

绿色长城 green Great Wall

绿色食品 green food

绿色农产品 the agricultural product without being polluted and harmful fertilizer.

绿灯 green light

绿色通道 green channel

绿帽子 green hat

（七）purple——紫色

1.英语中的 purple

英语文化中的 purple，象征着王位、显贵和权力；还表示脸色不好等。

【示例】be born in the purple 出身于王室贵族，或身居显位

purple heart 授予在作战中受伤的紫心勋章以示嘉奖

purple passage 辞藻绚丽的篇章或段落

purple prose 华丽的散文

be purple with fury/rage 脸都气紫了

2.汉语中的紫色

汉语文化中的紫色，除了表示颜色以外，还会表示祥瑞、幸运和吉祥等含义。

【示例】垂朱拖紫

high ranking officials clothes were adorned red belt and pink silk ribbons

紫气东来 The Purple Air comes from the east — a propitious omen.

紫禁城 The forbidden City

三、英汉服饰文化的对比及翻译

（一）服饰文化对比

1.服装造型比较

在英汉民俗文化中，最直接的就是人们所着的服装，由于英汉文化具有差异性，英汉服饰文化也具有非常大的差异，首先表现在英汉服装造型的差异，英语文化和中国文化熏陶下的服装结构、服装外形和服装的装饰方面都具有不同，具体的英汉服装造型的比较如表 3-1 所示。

表 3-1　英汉服装造型对比

对比项目		英语文化的服装造型	我国服装造型
服装结构	总体结构	立体的雕塑：讲究三维效果，重视服装的合体实用性	平面直线裁剪简单舒展
	局部结构	袒领和轮状褶领设计服装填充物的使用肩饰的造型多种多样袖子款式丰富	对开 V 领、斜交领、两侧开衩对襟、大襟等浓郁的东方特色
服装外形		横向扩张线条夸张、向外放射	纵向的感觉修长感、平顺
服装装饰	总体	立体式、空间感借助立体物	平面装饰纹样色彩斑斓造型简练
	纹饰装饰	花边和刺绣图案丰富	植物为主，谐音、吉祥文字
	配饰物	帽子、手杖、珍珠、钻石、手套等	玉、中国结
对比总结		天然协调、符合审美心理；色彩艳丽、造型饱满	规矩、平稳的和谐美浓郁的东方特色

2. 服装颜色比较

在英汉服装的颜色方面，由于英汉文化的差异性颜色也具有非常大的差异，英汉服装颜色的不同喜好，也反映出英汉文化下民族潜意识的性格特征。英汉服装颜色的比较如表 3-2 所示。

表 3-2　英汉服装颜色对比

颜色对比	英语文化的服装颜色	我国服装颜色
白色	√	√
紫色	√	
黑色	√	√
丁香色	√	
蔷薇色	√	
玫瑰红	√	
灰色	√	
黄色		√
红色		√
青色		√
对比总结	注重视觉效果崇尚平等、自由	受阴阳五行学说的影响有明显的阶级性强烈的等级观念

3. 代表服装比较

英汉服饰文化在造型和颜色方面的差异，也造就了英汉服装都具有各自典型的服装代表，也具有不同的寓意。英汉代表服装对比如表3-3所示。

表3-3 英汉代表服装对比

	英语文化的代表服装	我国的代表服装
牛仔裤	√	
中山装		√
对比总结	风格迥异、款式夸张，体现出西方人敢于张扬个性、我行我素、标新立异的性格特征"个人本位"的价值观	对称之美，精练、大方、简便，注重自身修养，讲究礼仪的中国传统文化

（二）服饰文化的翻译

1. 英语文化的服饰翻译

在英语文化的环境下，对于服饰的翻译以直译为主。

（1）外衣类翻译

【示例】buttonhole 纽扣孔

nightshirt 男式晚礼服

uniform 制服

tailored suit 女式西服

frock coat 双排扣长礼服

bathrobe 浴衣

full dress uniform 礼服制服

layette 婴儿的全套服装

dress 女服

middy blouse 水手衫

polo shirt 球衣

suit 男外衣

everyday clothes 便服

sweater 运动衫

coat 大礼服

dinner jacket 无尾礼服

dust coat 风衣

three-piece suit 三件套

formal dress 礼服

evening dress 晚礼服

sleeve 袖子

（2）裤子类翻译

【示例】bib pants 背带裤

down pants 羽绒裤

romp ers 连背心的背带裤

swimming trunks 游泳裤

bell-bottom trousers 喇叭裤

riding breeches 马裤

overalls 工装裤

Jeans 牛仔裤

culottes 裙裤

padded pants 棉裤

tailored shorts 西短裤

Chinese style slack 中式裤

mini shorts 超短裤

knickerbockers 灯笼裤

overalls 连衣裤

（3）鞋类翻译

【示例】clog 木拖鞋

sandal 凉鞋

high-healed shoes 高跟鞋

slippers 便鞋

moccasin 鹿皮鞋

heel 鞋后跟

sole 鞋底

lace 鞋带

cloth shoes 布鞋

boot 靴子

smarty boots 短靴

bootable shoes 足球鞋

sports shoes 运动鞋

hoes 滑雪鞋

skating shoes 滑冰鞋

canvas shoes 帆布鞋

（4）帽子类翻译

【示例】easy cap 便帽

flour 丝绒帽

felt hat 毡帽

beret 贝雷帽

bowler hat 圆顶硬礼帽

straw hat 草帽

Panama hat 巴拿马草帽

top hat 高顶丝质礼帽

（5）服饰商标翻译

在英译汉中，音译法以商标在英文中的发音为基础，挑选与单词发音相同或相近的汉字进行翻译。此法可将英语中发音优美的部分保留下来，听上去很有异国风味。音译法包括两种类型，一种是纯音译法，另外一种是谐音译法。纯音译法就是直接挑选汉语中与之读音相同或者相似性较高的汉字进行组合，该方法可让消费者对服饰品牌的记忆更加深刻。如创立于 20 世纪 20 年代的意大利时装品牌 Gucci 汉译为古琦，赋予了品牌奢华、性感、现代的品质，获得了中高层收入者的青睐。成立于 1949 年的德国运动用品 Adidas 汉译为阿迪达斯，将音韵美完美地呈现出来。

2. 中国服饰文化的翻译

（1）直译法

当英汉服饰文化词所蕴含的文化内涵完全对应和相近时，通常采用直译法将其直接翻译出来。

【示例】 He conducted a detailed comparison between Darhad and Horchin Shaman clothing.

他详细对比了达尔扈特与科尔沁的萨满服饰。

【示例】Owl feathers were fixed to the shoulders of a Hotgoid Shaman's gown, bound and stitched with a red spotted cloth.

猫头鹰的羽毛被固定在霍特戈伊德萨满神衣的肩部，并由一块带有红色斑点的布料缝住加以固定。

上述示例中的"clothing""cloth"分别被翻译为"服饰""布料"，都是直译法。但是为了再现主题，人们可以做很多语法和词汇的调整。第二个例句的前半部分，译者仍然将作为主语"猫头鹰羽毛"的行为的接收者翻译成目标语篇中的主语，如果将其转换成一个宾语，那么它就会与句子的后半部分发生冲突，因为后半部分的行为接收者仍然是"猫头鹰"，因此，译者仍然通过使用"被，由，为，遭，给予"等连词来将句子翻译成被动句，从而使译文连贯流畅。

【示例】Shamans of Mongolian Tuva and Uighur tribes have similar headwear that has been analyzed by scholars and are now preserved at the Historical Museum, Academy of Sciences.

蒙古图瓦部落及维吾尔族部落的萨满有相似的头饰，学者们已对该头饰做了分析，现珍藏于科学院历史博物馆。

上述示例中的"headwear"，直译为"头饰"。在英汉翻译中，译者通常会将英语被动语态转换为主动语态，以寻求一种自然对等的翻译方式。在这句话中，有两个被动语态，第一个被动语态是"头戴"，而行动执行者则是学者，根据中文的真实表达，翻译通常把动作执行者放在句子的开头，动作的接受者在句子的中间，这意味着有人对行为的听者做了些什么；至于第二个被动的声音，行动的听者仍然是"头戴"。因此，将被动句改为主动句，以满足汉语被动句的真实表达是合理的。

（2）意译法

在翻译服饰文化词时常采用意译的翻译方法，译者能够在忠实原文服饰文化词意义的基础上，通过选用恰当的句式词汇来传递原文的内涵与精髓，进而更好地表达出作者的真实目的[1]。

【示例】The clothing of a Mongolian Shaman consists of headwear, gown and boots.

蒙古的萨满服饰包括神帽、神衣、神鞋。

在这句话中，headwear, gown and boots 分别翻译成"神帽""神衣""神鞋"。在辞典中的对等汉语分别是"头饰""长袍""鞋子"。然而，翻译者

---

① 刘桂杰. 英汉文化比较及翻译探究 [M]. 北京：中国水利水电出版社，2016.

通过对平行文本的阅读发现，蒙古族萨满教作为少数民族所拥有的一种宗教，使用了"神帽"这样的词。"神衣""神鞋"不是"头饰""长袍""鞋子"，是指举行萨满教仪式时穿的衣服。因此，在萨满教文化中的特殊意义是某一语言群体宗教传统特征的反映。

【示例】那男孩的母亲已有三十开外，穿件半旧的黑纱旗袍，满面劳碌困倦，加上天生的倒挂眉毛，愈觉愁苦可怜。

（钱钟书《围城》）

The toddler's mother, already in her thirties, was wearing an old black chiffon Chinese dress; a face marked by toil and weariness, her slanting downward eyebrows made her look even more miserable.

上例中"旗袍"被翻译为 Chinese dress，即采用的意译翻译方法。意译的手法便于读者理解，如果进行直译会影响读者理解的程度。

【示例】Several studies on these costumes have been carried out sin-ce 1927.

自1927年以来，专家学者已开展了对这些服饰的数项研究。

在这句话中，"costumes"被翻译为服饰。诉讼的接受者是"研究"，而行动的执行者则被省略，而"研究"通常是由教授或学者进行的。因此，译者将被动句翻译成主动句时，添加宾语——专家学者作为动作执行者，这在汉语表达中是非常合适的。

3. 英汉服饰习语的翻译

（1）隐喻法

隐喻作为一种基本的认知工具，在服饰翻译中具有丰富意义，也起着重要的作用。服饰翻译中隐喻性成语比较多，分别映射到人的事物上、情境上和自然景观上。

【示例】a bad hat 一顶坏帽子

a mad-cap 一顶疯狂的帽子

an old hat 一顶旧帽子

在上面的例句中，bad、mad、old 用来形容帽子，是用来隐喻人们的性格或行为，形容一个坏人、一个疯狂的人和怀旧的人。

【示例】衣冠禽兽 monster in human clothes and hat

沐猴而冠 a monkey with hat on

动物有自己的性格。例如，狼是危险的；羊是温和的；"禽兽"（怪物）和"枭獍"（吃妈妈的鸟和吃父亲的怪物）是坏的和危险的，"沐猴"（一种猴子）是愚蠢的。众所周知，通常人类穿衣服或戴帽子，但如果它们是动物穿的，实际上，这些动物被认为不是真正的动物，而是具有相似品质的人类。

【示例】量体裁衣 to cut your coat according to your cloth

虽然这两个习语是用不同的词来表达的，但它们有着相同的习语意义。英语习语翻译中如果有足够的布，你可以剪哪种或多大的外套，但如果不是，你必须根据布的大小来考虑哪种衣服可以剪；中文成语翻译成量体裁衣，不同的人大小不同，裁剪的大衣应该根据他或她的身体大小而定，这两种表达方式都声称做事情应该符合实际情况。

【示例】花团锦簇 a carpet of flowers

如花似锦 like beautiful flowers and brocades

锦天绣地 to describe beautiful and gorgeous layout of the house or other environment

"锦"是一种用丝绸制成的昂贵的布料，图案丰富多彩、美观。"绣"是另一种绣有装饰性图案、图案或文字的布，根据对美的同样体验，可以映射到文学领域，指的是美丽多彩的词、精彩的句子、优美的短文风格，甚至是文学中的典型性和才能。

（2）转喻法

转喻作为一种重要的认知工具，是建构概念意义过程中必不可少和基本的组成部分。在英汉服饰习语翻译中，通过找出转喻的作用，我们可以更好地理解和正确地使用服装习语。

【示例】a skirt (any young woman)

巾帼英雄 a heroine; a female hero

巾帼丈夫 woman with a manly spirit

巾帼须眉 woman with a manly spirit

扫眉才子 a gifted maiden

服装作为人类的重要附属品，可以用来区分人的性别，因为男人和女人穿着不同种类的衣服。例如，"裙子""衬衫"和"长筒袜"都是女性穿的。在中国古代，女性通常头上戴着"巾帼"（A scarf）。更重要的是，与男性相比，女性更倾向于自我补偿。例如，"扫眉"指的是画眉毛，这是女人打扮得更漂亮的一种典型动作。总之，我们可以用"裙子""衬衫""长筒袜"这样的部分，

"巾帼"和"扫眉"代表她们的整个女性群体。

【示例】指腹割衿 pointing to the belly and cutting down the la-ppet；have been engaged to each other before they were born

在中国古代，如果父母与其他父母有良好的关系，他们可以指腹为婚。为了证明这种婚姻关系，他们的父母割断了一件衣服的衣襟，并分别保留了一半。

【示例】纨绔子弟 fellows with white silken breeches

佩紫怀黄 wearing a purple silk ribbon and holding a gold seal

金印紫绶 a purple silk ribbon and holding a gold seal

布衣韦带 clothes and belt worn by a commoner

在中国，身份不同的人佩戴不同的装饰品。高级官员通常戴着金印章，系着紫色丝带，因为金色和紫色代表着高贵，但普通人或无名小卒一般都穿着没有任何饰物的衣服，而且他们的腰带是没有任何饰物的。因此，我们有一个装饰品的地位转喻。

【示例】丰衣足食 enough food and clothing

锦衣玉食 have all the luxuries，eat the fat of the land

席丰履厚 enough mats and shoes

肥马轻裘 fat horses and warm fur coats

乘肥衣轻 fat horses and expensive clothes

与穷人不同的是，富人的象征是昂贵的衣服，足够的食物，如脂肪肉或其他奢侈的食物，肥马等。如果这些符号中有一两种被用来代表富人或奢侈的生活，它属于一个部分对整个转喻。

4. 英汉服装成语翻译

语言不仅是民族文化的重要组成部分，同时也是民族文化的重要载体。成语是一种特定的语言形式，它蕴含了丰富的民族文化语义内涵，能够忠实反映出本民族特别的文化内涵及其价值推崇。然而，由于东西方国家的思维方式、文化背景、风俗习惯等方面有所差异，使得英汉成语在相互转化时具有一定的难度。因此，在成语翻译中必须了解不同民族文化体现在语言中的文化语义内涵，正确理解其文化语义信息，采取恰当的翻译方法。

在翻译英汉成语时，采用词语文化语义的分层策略是十分恰当的。以下是英汉服装成语的具体实例来说明这一策略的具体运用。

（1）字面概念

词语的字面概念信息是指词语文化语义的认知意义或指称意义，是语言在交际中所表达的基本意义，是对客观事物的反映和概括。

要区分文化词语的概念意义和语符意义，当词语的概念信息与内涵信息保持一致时，我们用直译的方法翻译效果更好。

【示例】have not a shirt to one's back 衣不蔽体

be dressed in rags 衣衫褴褛

cut on's coat according to one's cloth 量体裁衣

have a card up one's sleeve 自留一手

以上是英汉服装成语中的一些表达，翻译时就采用直译法。

【示例】Given the limited materials, we must cut our coat according to our cloth.

She is an economical housewife, and she is always cut her coat according to her cloth.

在以上示例的 a 和 b 句中，成语 "cut one's coat according to one's cloth" 量体裁衣都是指根据实际情况来做事。第一句就可以直译为 "既然材料有限，我们必须量体裁衣。"第二句若翻译成 "她勤俭持家，量体裁衣"，显然不如翻译成 "她勤俭持家，量入为出"，能更好地表达出这一词语在本句中的语用内涵意义。

原语词语的概念意义搞清楚之后，还要注意词语出现的语境和搭配，通过特定的语境去把握词语的文化语义的内涵与外延。例如，汉语成语 "纨绔子弟"，通常译为英语的 "playboy"。其实，这两个词语的文化语义内涵和外延是不一致的，"纨绔子弟" 古时指有钱人家或富人家的子弟，后发展演变特指有钱人家或富人家恣意挥霍的儿子 (profligate son of the rich)；而 playboy 花花公子，主要是指寻欢作乐的有钱男人 (a rich man who spends his time enjoying himself)，由此可见，"纨绔子弟" 和 "playboy" 的文化语义内涵不尽相同。

【示例】It was a real feather in his cap for the new teacher when he was made head of the history department.

当这个新教师被任命为历史系主任时，他对此不屑一顾

这是按照中国人的文化理解翻译，因为在中国文化中 "羽毛" 或 "鸿毛" 都被看作是 "很轻的，微不足道的事情"。而英语成语 feather in one's cap 的文化背景却与此相反。几百年前，亚洲及美洲印第安人各个部落之间常发生战争，对于得胜的部落首领，手下人往往把一根美丽的羽毛戴在他的帽子

上。羽毛数量越多，就证明他的功劳越大。因此，这条成语就产生了"值得骄傲的事，荣誉"的含义。这句英语表达应翻译成"对于一位新到校的教师来说，被任命为历史系的主任真是引以为豪的事了"。因此，在翻译过程中切忌望文生义。

（2）语用内涵

这是词语暗示或其字面意义组合后经过文化背景知识的调制而蕴含的深层含意。在翻译过程中我们要根据阅读效果选择词语。特别是英汉语中的习语有独特结构和表现形式，在互译中，很多习语直译或借用译语中的成语都不能准确传达原文的意思和所蕴含的思想感情，就需要很好地理解和把握原文语言隐含或引申内容，以获得词语或句子的语用内涵意义，而不仅仅是对词语概念意义的理解。因为对形式的理解不是目的而是手段，是为了更好地把握词语所传递的深层次信息，尤其是言外之意。例如，汉语成语"冠冕堂皇"是一个形容词，形容表面上庄严或正大的样子。在通常情况下，含有贬义的意思，翻译时我们要体现出这一层言外之意。

【示例】冠冕堂皇的理由 high-sounding excuses

英汉语中成语或习语都积淀了各自民族丰富的文化内涵，因而它们在语言交际中更多传递的是其语用内涵意义，如汉语成语"怒发冲冠""筚路蓝缕""弹冠相庆""两袖清风""掣襟露肘""隔靴搔痒""集腋成裘"等；英语成语 trail one's coat, turn one's coat, die in one's boots, make one boot serve for either leg, hang on sb's sleeve, birthday suit 等等。在翻译这样的成语时，我们要根据不同的语境和阅读效果来选择恰当的词语表达。

（3）修辞审美

在翻译中译者必须领悟和传达词语的修辞审美信息，给读者造成感官上的审美享受。特别是文学作品，如小说、诗歌等，修辞审美信息的传递更显重要。翻译中最难处理的就是修辞审美信息，因为这要求一个译者不仅要有扎实的译语和原语言的语言知识，掌握丰富的文化知识，而且要懂得翻译的基本原理和技巧，最重要的是，译者要有识别美和创造美的能力。

【示例】to have an idea, plan, etc. that will give you an advantage in a particular situation and that you keep secret until it is needed

有锦囊妙计，自留一手。

这里汉语的"锦囊妙计"充分地体现其英语语用内涵，"妙"字对等了英文解释中的"give you an advantage"，使得原语读者和译语读者产生一致的阅读效果。"give the shirt off one's back"译为"倾囊相助"。衬衣是贴近人体的衣服，如果一个人将衬衣也脱了下来，那就几乎一无所有了。如果再将衬衣送与他人的话，那么这个人也就十分慷慨了。因此，汉语成语"倾囊相助"简洁工整表达该词的意思。

【示例】drop the other shoe 做完已开始的事（尤指不愉快的事）

这个习语源自旅店楼下的客人常为楼上的客人脱鞋摔地的噪音所痛苦的事实，即 wait for the other shoe to drop，意思是等着不愉快的然而总要发生的事发生。

【示例】The President dropped the other budget shoe yesterday.

总统昨天批准了悬而未决的预算案。

这里把"drop the other shoe"译为"悬而未决"，翻译得恰到好处，既深化了原成语的语用内涵，又体现了汉语成语四字格的简洁紧凑，使得整体行文凝练流畅。

由于中西方国家的思维方式、文化背景、风俗习惯等方面有所差异，使得英汉服装成语在互译时具有一定的难度。因此，在服装成语的翻译中必须正确理解成语所包含的文化语义，了解不同民族社会文化体现在成语中的文化语义内涵，采用适当的翻译方法。

四、英汉饮食文化的对比及翻译

（一）饮食文化对比

1.饮食观念对比

（1）英语文化的饮食观念

林语堂在《吾国与吾民》中说，与中国人把饮食当成是人生乐事相比，西方人觉得人们需要吃饭就像是机器需要加油一样。虽然说得有点难听，但是它也说明了西方人对于饮食的观点比中国人简单理性得多。

西方的理性主义哲学为英语文化圈的思想文化打下了基础，也影响了生活的方方面面，大致来说英语文化圈的饮食是理性主义饮食。

①食物是否能够提供营养，补充人体所需的热量、维生素、蛋白质等，食物的颜色、味道、造型等方面对于他们来说不太重要。

②营养价值高的食物即使味道不怎么好，他们也照吃不误，而对于他们看来没有营养价值的食物，比如动物内脏等，他们通常弃之不用。

③虽然中国菜是世界公认地好吃，但是得益于西方这种理性的饮食观念，西方人普遍比中国人的个子高，体格健壮。

（2）中国的饮食观念

中国人认为"民以食为天"，"吃"对于中国人来说是头等大事。中国是传统的农耕社会，人们辛苦劳作，获得丰收很不容易，为了享受劳作成果，人们对饮食非常重视。因此，饮食文化在中国源远流长，蕴含着丰富的文化内涵。

中国地大物博，各个地方由于物产和烹饪习俗的差异而形成了地域特色明显的八大菜系，即川、粤、苏、闽、浙、湘、徽、鲁菜系。有人把"八大菜系"用拟人化的手法描绘为。

①苏、浙和徽菜好比清秀素丽的江南美女。

②鲁菜犹如古拙朴实的北方健汉。

③粤、闽菜宛如风流儒雅的公子。

④川、湘菜就像内涵丰富充实、才艺满身的名士。

这些菜系各具特色，但是他们都表达了中国人对菜肴"色、香、味、形"的追求，也就是说做出来的菜要看起来好看，闻起来香，吃起来好吃，这些要求都是从人的感官享受方面着手的。

食物最基本也是最重要的功能本应该是提供机体生存和活动所需的营养，但是中国人却基本没有考虑人体对营养方面的要求，而只是一味地强调食物给人带来的视觉、味觉和嗅觉等方面的感官享受，这就相当于一个人在买衣服时只在乎衣服是否好看，而不在乎衣服的质量如何，因此我们认为中国人的饮食观念是感性的饮食观念。

2. 饮食方式对比

（1）英语文化下的饮食方式

英语文化圈的饮食方式和他们对自由和独立的追求一脉相承。

①为了方便切割肉食，西方人的餐具多是刀叉。

②在餐桌上，每个人的食物都是定量配置的，进食的过程中客人按照各自的需要取食，不经客人同意，主人是不会主动为客人夹菜或者劝客人喝酒的，热情的主人最多也只是会说"try this one, it is very delicious"，吃不吃全靠客人的主观意愿，主人不会像中国人那样勉强客人吃菜或喝酒。

③人们轻声交谈、举止优雅端庄，整体环境和气氛安静浪漫。

④通常，西方人都会把自己那份饭菜吃完来表示对食物的喜欢以及对主人热情招待的感谢。

⑤将西方分食制发挥到极致的是自助餐，正规的自助餐往往不固定用餐者的座次，甚至不为其提供座椅。因此在进餐过程中，人们可以随意走动，和自己喜欢的人交流。客人完全可以各取所需，根据自己的喜好随意添加食物，并且这种就餐形式允许多人同时就餐，各取所需的灵活性解决了众口难调这个问题。

（2）中国饮食方式

①由于饮食多为蔬菜和熟食，因此中国人可以灵活地使用筷子来取食。

②无论是日常的一日三餐还是过年过节招待宾客的正式宴会，人们都是团团围坐，共享一席，互相礼让，共享美食，这是我们中华民族的集体主义观念和"大团圆"心态的普遍反映。

③为了表达热情好客，在客人进食过程中，主人会不断地劝客人多吃菜多喝酒，甚至还会主动为客人夹菜添食倒酒。

④在招待客人时，如果准备的饭菜太少，客人会觉得主人小气，主人也会觉得没面子。因此，中国人餐桌上的食物一般都会超出客人的需要，食物吃不完，经常出现食物的浪费。

3.烹饪方式对比

烹饪，即将食物原料经过加热并且调味从而制作成一道菜肴的过程。不论东西方，烹饪都是一门艺术，也是人们日常生活中不可缺少的技艺与能力。

（1）英语文化下的烹饪方式

西方人的烹饪中多为肉食，蔬菜较少。对于蔬菜，西方人特别喜欢生吃，他们觉得生吃蔬菜不会让营养流失，因此不管是黄瓜、西红柿这些水果，还是像西兰花、包菜、洋葱这些蔬菜，他们都会生吃。

西方的烹饪方法要简单得多，主要是烧、煎、烤、炸、焖等。做菜时各种原料大都单独烹制，很少放在一起互相调和，比如西方人要做番茄炒鸡蛋，那就肯定是单独炒好的鸡蛋旁边加上些番茄片。

烹饪的过程比较规范，调料的添加量精确到克，烹饪的时间精确到秒。虽然西方人也会尽力使食物的造型好看，但是他们还是把更多的注意力放在怎样尽量保留食物的营养价值上。由于西方菜肴制作的规范化，烹调就成了一项比较机械的工作，批量化的生产也成为可能，因而就产生了肯德基、麦当劳这样的世界快餐连锁店。肯德基做的炸鸡就是在配料、油温和时间等各种规定好的条件下批量完成的，整个过程不需要任何特殊的技巧，当然这些炸鸡的味道也是全世界都相同的。

现代社会人们生活节奏快，吃饭的时间被一再压缩，一些忙碌的上班族甚至只能在路上边走边吃，因此，虽然西餐口味单调，但是却方便快捷、营养充足，满足了人们对快节奏生活的要求。

（2）中国的烹调方式

中国自古是农业大国，因此人们的饮食以蔬菜为主，肉食为辅。根据植物学家的统计，中国人食用的植物种类有将近600多种，比西方人多六倍。除了蔬菜外，中国人的食材也是多种多样的。有人说天上飞的，水里游的，没有中国人不敢吃的，这种说法虽然有些夸张，但是基本反映了一个事实，那就是中国人的食材是很丰富的，甚至是西方人认为没有营养的动物内脏、鸡爪、鱼头等，在中国人看来都是做菜的好材料。

俗话说，"一热三鲜"，也就是说中国人喜欢吃热菜，这就涉及烹饪方式。中国的烹饪方式很多，包括炒、煎、炸、拌、炮、煮、蒸、烧、烤、拌、卤、焖、爆、泡、熏、腌、焯、涮、扣、煨等，其中最常用的当数炒了，但是炒也因为操作方法的不同而再分为生炒、熟炒、软炒、编炒、焦炒和水炒。这一种烹饪方式就可以变换出这么多，中餐工艺的复杂可见一斑。中餐工艺复杂，步骤繁多，做菜的过程就像是创造艺术品，因而做出的菜当然可以吸引人们的眼球，俘获人们的胃。还有，中国菜的烹饪方式并不是固定不变的，人们当然可以因为个人口味的不同而改变菜的做法，人们也会因为季节和场合的不同而改变菜的做法，一般来说，夏天的菜要清淡些，冬天的菜则浓郁些。

（二）饮食文化的翻译

1.英语文化下的饮食文化翻译

（1）菜名翻译

关于西式菜名的翻译问题，学者们有着不同的看法，有人认为应该采用归化法，即用中国类似的菜肴名称代替西式菜肴的名称，如将spaghetti译为"盖浇面"，将sandwich译为"肉夹馍"。然而，人们普遍认为这样的译名不妥，虽然两种食物在外形上有些许类似，但是就制作材料和味道方面却千差万别，因此这样的译名有失准确原则，可能造成人们对该食品理解上的错误。而且这样的中式译名虽然看似地道，实则抹杀了原菜名所蕴含的西式韵味。鉴于此，大部分西式菜可采用直译、意译相结合的翻译方法。

【示例】American fillet mignon 美式牛柳扒

spaghetti bolognaise 肉酱焗意粉

mango mousse 果慕斯

ham sandwich 火腿三明治

shrimp toast 鲜虾吐司

vanilla pudding 香草布丁

apple pie 苹果派

potato salad 土豆沙拉

vegetable curry 什菜咖喱

Alvin salad 阿利文沙拉

grilled chicken 香煎鸡扒

India chicken curry 印度咖喱鸡

（2）酒名翻译

①直译法

部分西式酒名采用直译的手法可达到较好的翻译效果[①]。

【示例】Queen Anne 安尼皇后

Bombay Sapphire 孟买蓝宝石

captain morgan 摩根船长

Canadian club 加拿大俱乐部

Royal salute 皇家礼炮

Crystal Palace 水晶宫

②意译法

这也是西式酒名翻译中较为常见的一种手法。

【示例】Mandarin Napoleon 橘子拿破仑

Great Wall Jade 碧玉长城

Grasshopper 绿色蚱蜢

Wild Turkey 野火鸡波本

Amaretto Sour 杏仁酸酒

③音译法

音译法是指模仿酒名的英文发音而进行汉译的方法。音译法是西方酒名翻

---

① 郑野．英汉文化对比与互译 [M]．北京：中国水利水电出版社，2016．

译最常使用的方法，且这种译法通常适用于原商标名不带有任何含义的情况[①]。

【示例】Martini 马丁尼

Whisky 威士忌

Vodka 伏特加

Dunhill 登喜路

Richard 力加

Bronx 白朗克司

Brandy 白兰地

Hennessy 轩尼诗

Demod45 潘诺45

Bacardi 百家地

Lone john 龙津

Carlsberg 嘉士伯

不论是采用音译法、直译法还是意译法来翻译酒名，译名必须体现西方民族的文化特色，同时也要符合西方民族的审美观念和文化价值，这是酒名翻译的基本原则。

2. 中国饮食文化翻译

英汉地理环境、发展历史存在巨大差异，导致了汉语、英语的习语存在许多根本性不同，特别是在一些以饮食为主题的习语方面，差别尤为明显。在具体的翻译工作中，译者应当充分认识到这种差异形成的原因和背景，并根据具体情况选取不同翻译手段对习语进行翻译，从而实现饮食翻译的准确、美观。

在翻译的时候可以运用直译法、意译法等，应当充分理解译句的原意，在翻译过程中直接指出原文的真正含义，在译语中找寻到合适的、符合语境语义的表达方式，将其翻译出来。

（1）菜名翻译

①直译法

有些中国菜名按照字面意思翻译就能使外国人明白其基本含义，因此常采用直译法进行翻译。

【示例】

小春卷 tiny spring rolls

---

① 赵培. 英语实训教学设计 [M]. 北京：中国纺织出版社，2018.

鸡汤 chicken soup

甜酸肉 sweet and sour pork

蛋花 egg floss

盐水兔 salted rabbit

素鸡 vegetarians chicken

叫花子鸡 beggars' chicken

板鸭 flat duck

炖牛肉 stewed beef

脆皮鱼 crisp fish

白面包 white bread

金钱蛋卷 golden coin egg rolls

萝卜球 turnip rolls

彩虹虾片 rainbow prawns

虾仁包蛋 shrimps and eggs

②意译法

有些中国菜的名称很难从字面上表明其真正含义，这时就需要采用意译的方法进行翻译[①]。

【示例】发财好市 black moss cooked with oysters

金华玉树鸡 sliced chicken and ham with greens

③拼音加注法

拼音加注法是指采用汉语拼音和英语解释相结合的翻译方法将中国菜的风格与味道表达出来。

【示例】四川鸡丝 Sichuan style shredded chicken

狗不理包子 the goubuli steamed stuffed bun

山东烧笋鸡 Shandong roast spring chicken

盐卤信丰鸡 salt-baked xinfeng chicken

东坡肉 Dongpo pork

怪味牛百叶 ox tripe，Sichuan style

苏州豆腐汤 bean curd soup，Suzhou style

南京板鸭 steamed Nanjing duck cutlets

---

① 程前光. 基于文本分析的专业英语翻译研究 [M]. 北京：中国纺织出版社，2018.

湖南羊皮 Hunan lamb

罗汉大虾 Lohan giant prawns

狮子头 lion's head—pork meat balls

广东炒牛肉 sir-fried beef shreds, Guangdong style

鱼香八块鸡 chicken in eight pieces, Sichuan style

潮州鱼丸 fish balls, Chaozhou style

太白鸭子 Taibai duck

合川肉片 stewed pork slices, Hechuang style

北京烤鸭 Beijing roast duck

广式龙虾 lobster, Guangdong style

京酱肉丝 shredded pork with Beijing sauce

岭南酥鸭 crispy duck, Lingnan style

④转译法

中国很多菜名为了体现深厚的文化内涵往往会采用谐音的方法，在翻译这类菜名时首先要找到谐音的内容，然后采用转译法。

【示例】凤凰牛肉羹 egg and beef soup

凤凰玉米羹 corn and egg porridge

甜芙蓉燕窝 sweet birds nest soup with egg white

龙虎凤大烩 thick soup of snake, cat and chicken

⑤根据烹饪方法

有些中国菜名可以根据菜肴的烹饪方法和原料进行翻译。

【示例】白灼海螺片 blanched sliced conch

酿蘑菇 stuffed mushrooms

铁烧牛肉 grilled beef steak

肉丝拌面 noodles with shredded pork

烩羊肉片 fried mutton slice

红烧鲤鱼 braised masked carp

烧乳猪 roast sucking pig

鸡蛋葱花炒饭 fried rice with egg and chive

焖牛肉 braised beef

熏猪排 smoked pork chops

冻腌牛舌 cold corned ox tongue

⑥倒译法

倒译法是指翻译时按照英语的结构特点将汉语的词序完全倒置的方法。

【示例】八宝酿鸭 duck stuffed with eight delicacies

咖喱鸡 chicken curry

芙蓉海参 sea cucumbers with egg white

醋椒三鲜 three vegetables in hot and sour sauce

卷筒兔 rabbit rolls

白汁鱼唇 fish lips in white sauce[①]

汤面 noodles ill soup

凤尾鱼翅 shark's f in the shape of phoenix tail

（2）主食翻译

对于容易被外国读者所接受或能够展现中国传统饮食文化的主食名称，一般采用汉语拼音的翻译方法。例如，对于外国人来说，饺子、包子、馒头并不陌生，并且能够代表中国传统饮食文化的特点，因此可直接用拼音翻译为 Jiaozi，Baozi，Mantou。另外，如果文中所出现的主食并不是外国人所熟知的，但上下文中有对该主食的具体解释，也可以采用拼音翻译法进行翻译。有些具有中国特色的主食名称，如果完全按照字面意思进行翻译，很容易造成外国人对其含义和内容的误解，这时就需要采用汉语拼音加英语释义的翻译方法进行信息补充，以体现主食的制作方法和原材料。

【示例】窝头 Wotou (steamed com bun)

油条 Youtiao (fried dough stick)[②]

锅贴 Guotie (fried dumpling)

中国的面食种类繁多，对面食的翻译也具有一定的规律性。由于中国人对于每一种面条的口感形状、地区特色、制作手法以及主料辅料等基本信息都有具体的描述，所以对面条的翻译多采用意译法，将基本信息表达出来，使读者清楚地明白各式面条的不同特点。在使用意译法翻译中国面条时一般分为以下几种情况。

①如果面条中不含汤或不需要强调汤的重要性，一般将面条直接翻译为 noodles；反之则译为 noodle soup。例如，在翻译米粉时，如果按照字面意

---

① 徐小丽．"一带一路"倡议视阈下的外宣翻译研究 [M]．北京：中国商务出版社，2018．

② 韩孟奇．文化全球化背景下的汉英翻译研究 [M]．北京：中国水利水电出版社，2016．

思翻译就会使读者误以为米粉是米的粉末。按照意译的方法，结合米粉的制作过程，将其翻译为 nice noodles，就很容易使读者明白米粉是一种类似于面条形状的米制品。

②如果面条的名称中体现出了辅料，在翻译时也要强调辅料的重要性，一般将其译为"主料＋with＋辅料"的形式。

【示例】炸酱面 noodles with soy bean paste

菜煨面 stewed noodles with vegetables

双丸汤面 noodle soup with fish and shrimp balls

香菇鸡丝面 noodle soup with shredded chicken and mushrooms

③如果面条的名称中含有烹饪方法，要将其译为"动词的被动式＋主料"的形式。

【示例】炒面 stir-fried noodles

拉面 hand-pulled noodle soup

手擀面 hand-made noodles

④如果面条名称中突出某地区的特色或某种调料，应将其译为"主料＋in＋place＋style"和"主料＋in/with＋paste/sauce"的形式。

【示例】蒜沾面 noodles with minced garlic sauce

担担面 noodles with minced pork in sichuan style

云吞捞面 noodles with wonton in guangdong style

对于其他食物名称的翻译，最主要的是抓住食物的突出特点进行翻译。

【示例】毛豆腐 white fuzzy tofu

奶豆腐 dried milk tofu

腐乳 fermented tofu

油豆皮 oily skin of tofu

豆豉 fermented soy beans

豆腐球 tofu balls

豆泥 mashed soy bean

奶团 milk balls

（3）烹饪方法翻译

中国的饮食之所以花样繁多，主要是因为其制作过程精细而繁杂，因此对于烹饪方法的翻译也很讲究，必须将词义传达准确。

【示例】蒸 steam

磨 grind

揉 knead

炒 stir-fry

煮 boil

焖 cook in a covered vessel

烧 stew

烤 bake

熏 smoke

炸 fry

烩 braise

干炸 dry-fried

软炸 soft-fried

酥炸 deep-fried crispy

切片 slice,

切丝 shred

切柳 fillet

切块 cube

切丁 dice

切碎 mince

切薄片 flake

蘸 dip in

揉捣 pound

剥皮 skinning

去骨 boning

捣烂 mash

爆 quick-fry

烧烤 roast

酿入 stuff

切柳 fillet

白灼 scald

脱壳 shelling

切碎 mince

腌制 pick

（4）酒名翻译

中国酒的酒名大多以产地命名，在翻译时一般可以采用音译的手法。

【示例】汾酒 Fenjiu（wine）

烟台红葡萄酒 Yantai red wine

剑南春 Jiannanchun（wine）

双沟大曲 Shuanggou（wine）

绍兴酒 Shaoxing（wine）

西凤酒 ifeng（wine）

董酒 Dongjiu（wine）

茅台酒 Maotai（wine）

青岛啤酒 Qingdao bear

还有一些酒是以主要酿造原料命名，但酒名属于专有名词，翻译时也应采用音译手法。

【示例】莲花白酒 Lian hua bai（wine）

五粮液 Wu liang ye（wine）

古井贡酒 Gu jing gong（wine）

竹叶青酒 Zhu ye qing（wine）

第三节　英汉自然文化对比及翻译

一、英汉山文化的对比

（一）英语中的山文化

西方的山文化仅作为一种自然现象出现，是客观的。关于山的描写，西方的文章中也并不常见。西方人对山的欣赏，仅限于客观层面。

【示例】

mountain top 山顶

mountain ridge 山岭

mountain areas 山区

grain mountain 堆成山的谷物

a mountain of work 堆成山的工作

Math is his mountain.

数学是他的高山

"mountain"有的表示地面形成的高耸部分，有的表示"许多、大量"，还有将"数学"比作"高山"，比喻要学好数学，必须费劲艰辛。可以看出，在西方文化中，mountain 并没有被赋予很多的象征意义，也没有汉语中"山"的文化义项。就英国而言，山只是一种自然现象，而且英国四面环海，在英国的经济发展过程中，人们更多地依赖于海，所以形成的文化是典型的"海洋文化"。

（二）汉语中的山文化

1. 情感的传达

从古至今的汉语文学中，文人墨客通过古诗词来描绘山文化，借助人学传达各种丰富的情感，山文化也成为文人表达自己情感的寄托，山文化能够表达喜悦之情，也能够表达思念之情，还能够表达宁静豁达之情。

【示例】

山中留客

唐·张旭

山光物态弄春晖，

莫为轻阴便拟归。

纵使晴明无雨色，

入云深处亦沾衣。

人生最大的快乐就是在春天美好的季节，邀约几位知己朋友，沐浴着明媚的阳光，在山中畅游赏玩，表达出作者美好、愉悦的情感。

2. 意蕴的多样

汉语中的山文化并不是简单、单一的组合形式，而是通过不断变化、多层次的形式表现出多样的山文化意蕴。山与松结合，既可以呈现神仙世界的浪漫，也可以表达坚贞不屈的性格。再如，同一座山，不同的诗人会选择与不同的意象结合，有的习惯与风，有的习惯与鸟，有的习惯与隐士等，这些组合的意象不同，代表的山的意蕴也会不一样。

【示例】

题鹤林寺僧舍

李涉

终日昏昏醉梦间，

忽闻春尽强登山。

因过竹院逢僧话，

又得浮生半日闲。

山与僧、竹院结合在一起，更加能显示出的幽雅与清凉，也透过山文化衬托出诗人被流放时消极浑噩的心情，诗人不甘心这样消沉下去，才在春日将尽的时候登山振作精神，对人生有新的感悟。

【示例】

终南山

王维

太乙近天都，连山接海隅。

白云回望合，青霭入看无。

分野中峰变，阴晴众壑殊。

欲投人处宿，隔水问樵夫。

山与白云、樵夫等结合，不仅体现了一种生活情趣，还展现了清幽的景色，给人一种亲切之感。

3. 意象传承

人们喜怒哀乐的情感都是通过事物传承出来的，通过对某事的看法和做法，来传达大多数人的意象，让人们对于事物形成共识。同样山文化的传承性也是通过对应的自然界原型的物理特征表现出来，山文化所传承的共同意象特征不会因为地理位置的变化而发生变化。

【示例】相看两不厌，只有敬亭山。

兹山亘百里，合沓与云齐。

这两首古诗都表达出诗人对敬亭山的美的赞扬，也烘托出敬亭山超然外物的境界，从山景抒发诗人虽为做官之人，也不妨碍寄情山水的自我解脱的心境。

二、英汉山文化翻译

（一）英语中山文化的翻译

在英语文化中山并没有特别丰富的含义，多是对客观事物的描写，在翻译时可以采用直译法。

【示例】Mother and father are higher than the mountains, deeper than the sea.

父恩比山高，母恩比海深。

（二）汉语中山文化的翻译

1. 直译

虽然汉语中的山有丰富的文化内涵，但都与其本身的物理特征紧密相关，这些物理特征也被西方人所共识，因此在翻译时可采用直译法，通过上下文语境西方读者也能理解山的文化内涵。

【示例】

菩萨蛮

唐　无名氏

枕前发尽千般愿，

要休且待青山烂。

水面上秤锤浮，

直待黄河彻底枯。

On the pillow we make a thousand rows, and say

Our love will last unless green mountains rot away

On the water can float a lump of lead

The Yellow River dries up to the very bed.

对于翻译原文中的"青山"，译者采用直译法将其译为 green mountains，这样既能表达原文形象，也便于读者理解。

2. 着色

因季节以及光照的变化，"山"常常会呈现出不同的颜色。在对山进行描写时，作者常会通过山的色彩来创造不同的意境。在翻译时，译者就可以从山的颜色入手，进而准确传达原文的含义与情感。

【示例】

白云泉

唐 白居易

天平山上白云泉，云自无心水自闲。

何必奔冲山下去，更添波浪向人间。

Behold the White Cloud Fountain on the Sky-blue Mountain.

White clouds enjoy free pleasure; water enjoys leisure.

Why should the torrent dash down from the mountain high,

And overflow the human world with waves far and nigh ?

对于翻译原文中的"天平山"时，通过着色法将其译为 Sky-blue Mountain(天蓝色的山)，这样不仅与"白云泉"颜色相搭配，而且将原文中和谐、宁静的氛围充分地表达了出来。

三、英汉水文化对比

（一）英语中的水文化

在《圣经》中水虽然普通没有实际力量，但通过它信徒们能感受到上帝的存在，也有一个我们熟知的诺亚方舟的故事，一个叫诺亚的好人在洪水滔天、万物灭绝中重返大地拯救人类、拯救大地。或许这就是英语中"water"贬义用法罕见的原因。

四面环海的英国对海洋的热忱远大于对土地的依赖。自古以来英国的渔业、航海、贸易就在人们的生产生活中占据着重要的地位，因此在英语中存在着大量的与"水"相关的习语。在阿拉伯民间故事《一千零一夜》的《辛伯达航海旅行记》中，主人公为了探求新的知识与财富，在大海中航行，经历了艰难险阻。

【示例】get into deep water 陷于困境

Water under the bridge 无法挽回的过去

like a duck to water 如鱼得水，轻而易举

go over the water 被充军，被流放

（二）汉语中的水文化

1.时间

流动的水永远不会停止，也不会再回来。时间也是如此，因为时间日复一

日地流逝，无休无止。正如朱自清在他的散文中所写的那样：当我洗手时，日子从水槽里流过，当我吃饭时，它在碗里消失；在我的白日梦中，凝视着我，反映着不沉默。我们经常用水来理解时间，时间是无形的，不能被直接感知。在汉语中我们都可以找到很多表达，其中流动的水是与不断流动的时间。

【示例】四年的时光流水一样过去了，转眼间毕业的日子就到了。

Four years' time is just like the passing water, and we are about to graduate in a flash.

我们之间的友谊是随着岁月的流逝而发展、巩固的。

Our friendship is developed and strengthened with the elapse of time.

晃眼间鬓生华发，才觉得年华逝水，光阴虚掷。

Not until I'm old and grey in the twinkling of an eye do 1 realize that I have idled away the precious time which passes swiftly like the flowing water.

Time and tide wait for no man.

时间不等人。

I am not angry about you any more. It's all water under the bridge.

岁月如流，我不再生你的气了。

A lot of water had flowed beneath the bridge since we last saw each other.

自从上次我们见面以后似水流年。

在上述例子中，水的流动与时间的流逝相对应。在汉语中，我们可以找到许多隐喻性的表达方式，如"韶光如水"（如水一样的流过）、"时光如水"（时间就像水）、"似水流年"（青春像流水一样滑落）。"岁月如流"（几个月和几年就像溪流一样流逝）。在英语中，"时间"和"潮汐"一起用来表示时间的短暂性。同时，"桥下水"和"桥下水流"都是指流水来表示时间的流逝。

在汉语中有更多水隐喻时间的表达，例如，收紧时间就像把水从容器里挤出来一样。

【示例】她在这样繁忙紧张的事物之余，竟然还能挤出时间来写作。

It was amazing that she could afford time for writing in such over scheduled situation.

时间就像海绵里的水，是一滴滴拧出来的。

Time, just like the water in the sponge, is squeezed out little by little.

值得注意的是，时间是水在汉语中是一个普遍存在的隐喻，但在不同语言中使用这一隐喻仍然存在一些细微差别。

2. 爱情、友情

在人类的文化心理中，流水不仅扮演着可爱的角色，有时候也代表着可恨的角色。人的生活离不开水，因此很多人选择邻水居住，那么水边就成为男女相会的场所。但是，古代的思想比较保守，很多时候男女不能私会。中国古代文人热衷于通过自然景观，尤其是壮丽的山脉和河流来表达他们的情感。

【示例】萧峰转头向段誉道："兄弟，此时局面恶劣，我兄弟难以多叙，你暂且退开，山高水长，后会有期。"

桃花潭水深千尺，不及汪伦送我情。

水也可以隐喻友情，"山高水长"指像山一样高耸，像水一样长流，常用来隐喻情谊或恩德的深厚，人们也常用"桃花潭水"隐喻彼此间深厚的友情。

3. 离别

古人一般会临江作诗送别亲人、朋友，表达对亲人、朋友即将远行的离别愁绪。

【示例】

梳洗罢，

独倚望江楼。

过尽千帆皆不是

斜晖脉脉水悠悠

肠断白蘋洲。

在这首词中，悠悠流水中倒映着余晖，映射出妇人期待丈夫归来的寂寞情感。

【示例】花红易衰似郎意，水流无限似浓愁。

离愁渐远渐无穷，迢迢不断如春水。

以上例句中水用以隐喻难以剪断的哀愁，同是愁情，水还能够隐喻"春水"般迢迢不断的离愁。

4.剪不断的愁绪

古代的诗人有着兼济天下的抱负和理想，但是在现实中往往遭遇坎坷，人生不得志，一生穷困潦倒。而流水的潺潺恰好能够形容这种心情挥之不去。

【示例】花红易衰似郎意，水流无限似浓愁。

问君能有几多愁，恰似一江春水向东流。

离愁渐远渐无穷，迢迢不断如春水。

以上示例中都恰好表达了作者深深的离愁、亡国之愁。

四、英汉水文化翻译

（一）英语中水文化的翻译

英语中对于水多为描写性的表达形式，表达出作者的所见，是烘托作者感情色彩的重要意象。针对英语中这种水文化概念，译者可以采用直译的形式，从而表达出作者的意思。

【示例】Water is the eye of landscape.

水是风景的眼睛。

（二）汉语中水文化的翻译

汉语中的水文化的翻译方法主要有以下几种。

①直译法。直接翻译为water，river，stream，这样可以保留在汉语中的水文化内涵。

②转译法。这种翻译方法是为了填补流水创造的丰富审美空间，采用转译法在语句中进行语义的转移。

③隐性法。将原文中的隐性信息通过翻译传达出来，抒发作者的情感。

④替代法。在翻译水文化的过程中，用替代法可以消除翻译中的语言障碍，表达出水文化的丰富内涵，从而可以让译者感受到原文的意境。

【示例】……飞流直下三千尺，疑是银河落九天。

Its torrent dashes down three thousand feet from high;

As if the Silver River fell from azure sky

明月松间照，清泉石上流。

Into the forest of pines the moon sheds her lights;

Over the glistening rocks the spring water glides.

五、英汉动物文化对比与翻译

物在英汉语言文化中包含了各自丰富的文化内涵，也形成了英汉不同民族的动物文化。

（一）同一动物具有相同的内涵

英汉民族属于不同的文明体系，英语民族属于海洋文明，我国属于黄土文明，英语民族崇拜上帝，倡导"天人相分"，我国尊重孔子，崇尚"天人合一"。但是，人们都在同一个星球上生活，都面临江河湖海大自然现象，目睹日出日落，季节交替，因此或多或少会产生一些趋同的认知。基于这些趋同性，导致英汉语言中的动物词汇出现词义重叠的情况，即所谓的词汇对应。简单来说，就是一些相同的动物有着相同或相近的内涵。

1. bee 与蜜蜂

英语中的 bee 与汉语中的蜜蜂在文化内涵上基本相似。

【示例】as busy as bee 忙得团团转，非常忙

a busy bee 一个忙碌的人

【示例】他整天埋头苦干，像一只勤劳的小蜜蜂。

他们准备考试忙得像蜜蜂似的。

2. swan 与天鹅

在英语中，swan 的含义是典雅的、圣洁的、美好的。在英语中，有很多与 swan 相关的短语。

【示例】the swan of Avon 埃文的天鹅

All your swans are geese.

所有的美好愿望都变成泡影。

汉语中也是如此的寓意，如"癞蛤蟆想吃天鹅肉"就是用癞蛤蟆的卑微、丑陋反衬天鹅的高贵与美丽。我国赫哲族的天鹅舞就是表现出美丽少女对封建婚姻的反抗，希望变成一只白天鹅。

3. crocodile 与鳄鱼

英语中的 crocodile 与汉语中的鳄鱼的内涵基本相同，都表达一种表面富有同情心、很仁慈，但实质铁石心肠的人，代表的是伪君子。

【示例】crocodile tears 鳄鱼的眼泪

鳄鱼眼泪假慈悲。

4. bug 与臭虫

英语中的 bug 常常用来比喻人，有着戏谑的味道，也用来比喻对某件事、某个物品偏好的人。

【示例】a football bug 喜欢足球的人

a camera bug 喜欢摄影的人

a bug at sports 体育迷

汉语中也有以虫喻人的说法。

【示例】糊涂虫：不明事理的人。

懒虫：非常懒惰的人。

蛀虫：侵吞国家财产、他人财产的人。

（二）同一动物具有不同的内涵

一种动物的概念意义完全相同，但文化内涵明显存在差异的情况，且这一种情况较多，也是最值得注意的地方。

1. dragon 与龙

"dragon"在英语文化中是邪恶的代表，"dragon"也是应该被消灭的怪物，因此英语文化中含有"dragon"的词汇都有贬义。

【示例】the great dragon 恶魔撒旦的称呼

to sow dragon's teeth 播下了不和的种子

"龙"在汉语文化中却是不断演变的一种图腾形象，一直被中国人奉为神一样的存在。从古代帝王的"龙袍""龙椅"到凝聚中华民族的爱国图腾，都体现出国人对于龙的敬畏和尊崇。

【示例】龙王、画龙点睛、生龙活虎、龙的传人、龙腾虎跃、龙飞凤舞、卧虎藏龙、望子成龙。

当然，越来越多的学者意识到，"龙"与"dragon"虽然在英汉互译中是对译词，但二者本身并不是同一物。

2. phoenix 与凤凰

在英语中，phoenix 又可以称为"不死鸟"，长满火红色或者金黄色的羽毛，是一种灵鸟。因此英语中的 phoenix 又有了复活、再生的含义。

【示例】It like a phoenix, has been resurrected from the ashes of the war.

它如同传说中的凤凰一般，在战争的灰烬中又重生了。

在中国，凤凰是百鸟之王，是太平的象征，不仅会给人们带来吉祥安康，还预示着人们的美好品德。

【示例】凤毛麟角：指不可多得的人、珍贵的人。

同时，凤凰还被认为是幸福的化身，代表着爱情与安宁，凤凰往往与龙齐名，是阴阳两性的代表。在古代社会，龙代表的是帝王，而凤凰代表的是皇后，不仅是皇权的代表，还是夫妻恩爱的代表。

3. monkey 与猴

在英语国家人们的眼中，猴子被认为是聪明的动物，也被认为是爱搞恶作剧的动物，常常用来代表贪玩、爱搞恶作剧的小孩。在英语中，很多成语都体现了这一点。

【示例】monkey around 胡闹、闲荡

monkey with 鼓捣，瞎摆弄

make a monkey of sb. 戏弄某人

在汉语中，猴与"侯"同音，而"侯"代表的是一种官爵，因此汉语中的猴是一个非常吉祥的动物，当人们提到猴时，往往会联想到《西游记》里面的美猴王孙悟空，也是家喻户晓的动物，备受人们的喜爱。在中国人眼中，猴子非常可爱、活泼，也非常的聪明。

4. dog 与狗

狗在英汉民族都非常常见，虽然他们对狗的指称意义是一致的，但是养狗的态度与目的不同。

在英语民族，dog 的地位是非常高的，它们不仅用于打猎、看家，还往往是为了陪伴。有的人没有儿女，往往用 dog 来替代，他们的 dog 往往有很多特权与优待，有吃有穿，还有音乐家为其专门谱的"狗曲"，生病时还往往请兽医来诊治，还会请专科医生、心理学家来疏导与治疗。如果主人外出，它们还可以享受假期待遇，因此也诞生了很多与狗相关的短语。

【示例】Lucy is a lucky dog.

露西真幸运。

Every dog has its day.

人人都有得意的一天。

相比之下，中国人眼中的狗是令人讨厌的动物，代表着龌龊、肮脏。很多

与狗相关的语言都是用来骂人的。

【示例】狗仗人势、狗急跳墙、鸡鸣狗盗、狗胆包天、狼心狗肺、狗眼看人低、狗嘴里吐不出象牙

5. owl 与猫头鹰

英语中的 owl 代表着智慧，是一种智慧之鸟，如果禽兽之间发生冲突，往往会请 owl 来裁决，紧要关头也需要 owl 来救助。

【示例】He peered owlishly at us.

他机智地审视着我们。

在汉语中，猫头鹰的形象则是完全不同。由于猫头鹰往往在夜间出没，且往往盘旋于坟地上方，发出的叫声也比较凄惨，因此中国人认为猫头鹰是不吉利的。民间甚至有这样的传说：如果猫头鹰在谁家的树上降落，或者谁听到了猫头鹰的叫声，那么就意味着他或她将要面临死亡。这样一来，人们将猫头鹰与厄运、倒霉等联系起来，也诞生了很多与之相关的说法。例如，夜猫子进宅，无事不来；夜猫子进屋，全家都哭。

6.cat 与猫

在西方文化中，cat 代表着魔鬼的化身，在中世纪，是巫婆的守护神，尤其是黑色的 cat，更让西方人非常厌恶。因此，英语中常使用 cat 一词代表包藏祸心的人。

【示例】Andy is a cat.

安迪是一个邪恶的人。

中国文化中的猫一般是精灵、可爱的代表。中国人对猫是非常喜欢的，因为猫可以和主人做伴、可以消遣，还能够抓老鼠，非常实用。

可见，相同的动物在不同的民族有不同的文化内涵，这些词汇的差异展现了英汉两种语言的差异，体现了不同民族的文化个性。

（三）不同动物具有相似的内涵

虽然是两种不同的动物，表达的内涵却是相似的。这与中西方的历史背景、对客观事物的认知方式有关。

1.horse 与牛

在中国，牛的形象是无私的、诚实的、真诚的。邪恶的牛主要存在于神话传说中。可能是古代生产力不发达，群众缺乏科学知识，对自然的恐惧和敬畏几乎是本能的。渐渐地，一些动物已经成为神话怪物的原型。其中，牛不是神

话中典型的邪恶形象。事实上，神话传说中的恶牛并没有影响中国人对牛的热爱。从总体上看，牛在中国人心目中的形象是相对积极的。

在西方世界，牛被用来指那些大胆果断，追求效率，喜欢吹牛，有时显得不负责任的人，这与工业世界的审美非常一致。牛的比喻除了前面提到的特点外，也可以用来指哑巴和幼稚的人。至于社会地位，因为约翰·布尔的形象深深植根于西方人的心中，牛被用来指英国人，尤其是有后背的普通人。在宗教的影响下，牛也被用来指一些神圣的人或东西。根据迄今收集到的语言数据，西方人眼中的牛的形象是相对消极的。

在英语中，horse 是西方人早期的生产生活的工具，后来延伸了赛马等娱乐项目，在英语中的 horse 有着勤劳苦干的意思。

【示例】work like a horse 勤劳

横眉冷对千夫指，俯首甘为孺子牛。

A man who is willing to serve the people.

我好像一只牛，吃的是草，挤出来的是奶、血。

Cows eat only grass but they provide us with milk; A person who takes little but gives everything he has to others.

老黄牛 yellow cattle; person who serves the people whole heartedly.

而这一内涵恰好与中国的牛是相符合的，都是勤勤恳恳的象征，表达了相同的作用，即农耕工具。中国人经常用牛来指勤劳的人，典型的就是"孺子牛"，勤劳的牛"升华了""孺子牛"的精神，人们用它来形容一个愿意为人民服务、无私奉献的人。

【示例】力大如牛 as strong as a horse

人，力不若牛，走不若马。

Cattle have greater strength than human beings.

兄弟，你不知他靴尖点地，有九牛二虎之力，休要放他小歇。

The strength of nine bulls and two tigers; tremendous effort and great physical strength.

牛具有强大的力量，使其在时代变迁中发挥着重要作用，成为劳动的重要工具。牛的力量成为一种独有的特征，它使得"某人是如此强烈的攀爬"的表达成为可能和自然。

【示例】牛头马面 Bull's head and horse's face

牛头人手 A jailer with human body and bull's head.

牛鬼蛇神 ghosts with cattle's and snake's appearance.

根据中国民间传说，有两个恶魔侍从王爷，其中一个有人类的身体与头。中国人相信"外在表象受内在心理或心境的影响"。因此，中国人经常用怪物的形象来形容丑恶。"牛鬼蛇神"最初是指牛头鬼和蛇身鬼，后来一般是指各种类型的坏人。

【示例】蜗行牛步 to walk as slowly as an old cow

老牛拉破车 An old ox pulls a broken car.

家牛体形大，一般情况下，尤其是在工作时，走路像蜗牛一般比较平稳。人们通常用牛的慢速来指一般情况下做某事的缓慢速度。

【示例】对牛弹琴，不入牛耳。Cast pearls before swine.

对一头牛演奏琵琶（向错误的观众讲话）。这句谚语带有一定的轻蔑之意。与人类相比，牛是劣等动物，当然，它们不知道如何欣赏音乐。这也显示了牛的笨拙。

【示例】跟我犯牛脖子，没你的好儿，告诉你！

Cattle's neck; someone is stubborn.

昕好忤物，人谓之牛[①]。

Xin has the same temper with stubborn cattle.

凡事都要留有余地，别死钻牛角尖。

To take unnecessary pains to study an insignificant problem; split hairs.

为什么不能把你比成牛？天地生万物，人畜是一理嘛！

To treat people as cattle; to live a dog's life.

尽管牛是主要的劳动力，他们总是不抱怨地帮助人们工作，但他们在务农时也会发脾气。我们经常看到一只老水牛站在田里，农民花了半天的时间拉着水牛。因此，人们会用牛来形容一个固执、固执、或不屈不挠的人。另一方面，牛也被用来描述那些愿意节俭并乐于做出贡献的人。

2.lion 与老虎

在西方文化中，lion 是百兽之王，其取代了老虎的地位，如 king of beast 是狮子王。另外，英语中 lion 的很多说法都是与老虎相对应的。

---

① 《魏书．卷八五．文苑传．邢昕传》："昕好忤物，人谓之牛。"

【示例】a lion's provider 为虎作伥

as bold as a lion 勇猛如狮

the lion's skin 狐假虎威

to beard the lion 虎口拔牙

相比之下，老虎在中国人的眼中是百兽之王，非常凶猛、强健有力。如果将虎与龙并用，表达人们对被指称的人的尊重。

【示例】龙行虎步：比喻帝王的神态。

虎踞龙盘：比喻地势比较险要。

龙吟虎啸：比喻声音非常的响亮。

（四）相同动物既有相同内涵又有不同内涵

1. fox 与狐狸

无论在英语还是汉语中，fox（狐狸）都指的是野生的、普通的食肉动物，属于犬科，性情狡猾，因此在用作比喻时，往往指代的是"奸诈、狡猾"。在这一点上，英汉语对于狐狸的寓意是相似的。

【示例】as sly as a fox 像狐狸一样狡猾

a sly old fox 一只狡猾的老狐狸

Lily is as cunning as a fox.

莉莉狡猾得像一只狐狸。

【示例】狐狸再狡猾，也要露出尾巴。

但是，在中西方文化中 fox（狐狸）的内涵也存在不同的地方。汉语中，狐狸还可以指代狐媚、强权等。

【示例】狐狸精：指代的是卖弄风骚的女人。

狐朋狗党：指代勾结在一起的坏人。

狐媚：指代用于拍马屁的手段。

狐假虎威：指代倚仗权势欺压他人的做法。

但是相比之下，英语中的 fox 就没有这层含义。英语国家中的狐狸除了有狡猾的意思，还可以指代"精明""俊俏"。

2. peacock 与孔雀

在英语中，peacock 的含义基本是否定的，指的是傲慢、炫耀自己、洋洋得意的人。

【示例】proud as a peacock 像孔雀一样傲慢

They are peacocking in their bustle on.

他们都在炫耀自己的裙衫。

在中国，孔雀也有类似的意思，代表一种爱比美、有虚荣心的动物。

【示例】孔雀爱羽，虎豹爱爪。

孔雀一亮相显得又矜持又傲气

但除了这层含义之外，孔雀在汉语文化中还代表吉祥，尤其是孔雀开屏，有着大吉大利的含义。在中国云南傣族地区，他们用孔雀舞表达自身的愿望。当然，这层含义在英语中是不存在的。

3. fish 与鱼

在英语中，fish 往往用来比喻人或国家。

【示例】The new teacher is a cold fish.

这名新教师是一个冷漠的人。

Fish begins to stink at the head.

鱼烂头先臭。

当然，这一意思在汉语中也是存在的。

【示例】现在人多手段，鱼龙混杂

其自亡奈何？鱼烂而亡也。

除了上面相同的含义外，汉语中的鱼与"余"同音，因此代表着富足的含义。这里，鱼就有了褒义色彩，即代表吉祥。在过年时，中国的餐桌上往往会有鱼，是因为家家期盼"年年有余"。但是，这层含义在英语中不存在。

（五）相同动物在英汉语言中无对应内涵

1. white elephant 与象

"white elephant"在英语文化中有着笨拙的意思，从而引申出虽然大但是确没有用处的意思。

"象"在汉语文化中就是一种庞大的动物，并没有什么特殊的联想。在中国古代、现代大象都没有特殊的历史，也没有特殊的文化内涵。

2. buffalo 与水牛 / 野牛

"buffalo"在英语文化中有着丰富的内涵，英语中"to buffalo"字面意思是让人迷惑不解，又可以引申为对人的威胁。因为在西方"buffalo"的皮很值钱，因此有很多人开始猎捕并进行售卖。

【示例】We are buffaloed.

我们束手无策。

3. beaver 与河狸

这种动物在中国非常少见，它是一种非常勤奋的动物，擅长筑坝，它们会用石块、树枝、软泥等建筑堤坝，将水截成池。

【示例】eager beaver 工作勤奋的人；讨好上司而努力工作的人

4. silkworm 与蚕

"silkworm"在英语文化中就是单纯地指虫子，并没有特别的文化内涵。

"蚕"在汉语文化中确有着悠久的历史，产于中国的蚕、丝织品、丝绸之路等都是我们耳熟能详的蚕文化。

5. crane 与鹤

"crane"在英语文化中也是指单纯的动物，并没有深层次的意义，也没有引申出关于"crane"的丰富内涵。

"鹤"在汉语文化中却被神化了，只有神仙才有资格骑，汉语中更是有"仙鹤"一词，神仙和他的坐骑仙鹤都被视为长生不老的象征。"仙鹤图"也被用来寓指老年人能够健康长寿。

6. mandarin duck 与鸳鸯

"mandarin duck"在英语文化中也是单纯地指一种动物，没有深层次的意义和文化内涵。

"鸳鸯"在汉语文化中却是"夫妻恩爱、幸福美满"的象征，也指特别般配的一对恋人或夫妻，在中国新人结婚的婚房内，也常常会摆放绣有鸳鸯的被子、枕头、艺术品摆件等，都是对新人美好幸福婚姻生活的祝福。

六、英汉植物文化对比与翻译

（一）相同植物具有相同的内涵

由于不同民族的历史传统、世界观等存在差异，对应的植物词语也必然不同，但是由于事物本身具有一致的属性，因此英汉两个民族对某些植物的认知是大同小异的。这就是说，在英汉语言中，存在着一些植物的文化内涵相同或相似。

1. olive 与橄榄树

无论在英语中还是汉语中，olive（橄榄树）都象征着和平。汉语中也受到英语文化的影响，橄榄树也代表着和平、安宁。

【示例】hold out the olive branch 要求和平解决，向他人伸出橄榄枝

2. oak 与橡树

在英汉两种语言中，oak（橡树）都代表着坚韧与刚毅。

【示例】a heart of oak 刚毅的人、勇敢的人

Queen's oak 女王橡树

汉语中《致橡树》中，诗人用"橡树"的"铜枝铁干""伟岸的身躯"等形容男人的坚强与刚毅。

3. cherry 与樱桃

在英汉语中，cherry（樱桃）都用来表达人的嘴唇小而红润，如同樱桃一般。

【示例】Thy lips, those kissing cherries, tempting grow!

你的嘴唇，如同那吻人的樱桃，瞧上去那么诱人！

（二）相同植物既有相同内涵又有不同内涵

在英汉语言中，有些植物的词语概念意义相同，但是文化意义则部分相同，即有些是相同的，有些是不同的。

1. rose 与玫瑰

在英汉语言中，rose（玫瑰）都代表的是爱情，且汉语中的这含义也是受到英语的影响。在情人节，恋人们往往互送玫瑰，表达对对方的真爱。

英语中著名诗人彭斯的《一朵红红的玫瑰》就是这样的寓意。

My love's like a red, red rose,

That's newly sprung in June;

My love's like the melodie,

That's sweetly played in tune.

但是，除了代表爱情，玫瑰在汉语中还有其他的含义。曹雪芹《红楼梦》中的贾探春，被称为"玫瑰花儿"，这个称呼是说贾探春本身明艳动人，但是美中带刺。因此，汉语中的玫瑰可以用来形容人长得非常娇媚，但是性格上带刺，不太容易亲近。

但是，英语中并不具备这一含义，往往仅用于形容女人的美貌。roses in

her cheeks（白里透红的面容）就是一个典型的例子。除了代表爱情与美貌外，rose 往往被西方人认为是高贵的象征，是"尽善尽美"的代表。

【示例】a bed of roses 称心如意的生活

be roses all the way 万事如意

gather life's roses 寻求快乐，享受人生

come up roses 很顺利、很完满的事情

另外，英语中的 rose 还有"严守秘密"的含义。例如，under the roses 的含义为"私下的、秘密的"。这一习语出自罗马神话故事，女神维纳斯沉醉于风流之时，被沉默神哈波克雷特撞见[①]。这时，爱神丘比特来了，维纳斯怕哈波克雷特告诉丘比特，便捧着一束美丽的玫瑰花送给哈波克雷特，要求哈波克雷特保守秘密。哈波克雷特接受了礼物，并告诉维纳斯会保守秘密的。因此，玫瑰花就有了"严守秘密"的意思。但是，这一层含义在汉语中是不存在的。

2. orchid 与兰花

在英汉语言中，orchid（兰花）被认为是"美好事物"的代表在英语中，orchid 代表着美丽，如《了不起的盖茨比》中有这样句话："...Gatsby indicated a gorgeous, scarcely human orchid of a woman who..."。汉语中兰花也代表着清丽脱俗，是完美的象征。古代诗人就喜欢借用兰花的寓意来表达自己的情怀。

但是，汉语中的兰花还有着英语中没有的寓意。兰花被视作君子的象征，代表的是高洁的品质。孔子主张君子应该如同兰花一样，虽然在幽谷中生长，但是仍旧能够独立不倚，君子也应该立身处世，不求闻达，淡泊明志。同时，还表达出兰花的爱国情怀，表达一种坚贞不二、不屈不挠的意思。

3. peony 与牡丹

在英汉语言中，peony（牡丹）都代表着美貌。英语中有 to blush like a peony，意思是"双颊绯红"。汉语中的牡丹也有着"国色天香"的意思。在开元时期，唐玄宗李隆基与杨贵妃夜间游玩命令李白赋诗，李白用牡丹比喻杨贵妃，形容杨贵妃的美貌除了美貌的寓意外，汉语中的牡丹姿态优美、颜色鲜艳，给人以雍容华贵的感觉，因此其不仅代表的是魅力，还代表着繁荣昌盛、幸福吉祥。牡丹也就有了"富贵花"的称呼。

---

① 莫铮宜. 文化差异对英语成语汉译的影响及对策 [J]. 宁波教育学报，2010, 12(03)：77-79.

（三）相同植物具有不同的内涵

由于文化传统、世界观等因素的差异，英汉两个民族对于某些植物会产生截然不同的文化意义。

1. daffodil 与水仙

英语中的daffodil是道德的象征，代表的是一种自我欣赏、傲慢、自尊自大。另外，英语中的daffodil还可以代表春天与活力。

汉语中的水仙花是"花草四雅"之一，在我国已经有1000多年的培育历史了，从宋朝以来，有很多歌颂水仙花的诗词。水仙花在诗词中被认为是"凌波仙子"，代表的是轻盈漫步的仙子，因此有了"高雅、脱俗"的含义。

2. crab apple 与海棠

英语中的crab apple与我国的海棠品种不同。英语中的crab apple指山楂，口味比较酸涩，人们常用其来比喻"孤僻的人、性格不随和的人"。例如，《造谣学校》中有这样一句"...with his odious uncle, crabapple tree"（带着他那讨人厌的叔叔）。

在汉语中，海棠是娇艳动人、风姿绰约的代表，其中有的红中有白，有的白中泛红，如同少女的脸颊。因此，海棠花的第一个寓意就是"美貌"。例如，唐朝何希尧的《海棠》中有"著雨胭脂点点消，半开时节最妖娆"。诗人将半开海棠的娇娆展现在读者面前，其如同一位娇羞的少女，在春雨中那样的楚楚动人。

另外，海棠花的第二个寓意是春天来临，给人以春色盎然的感觉。例如，宋朝王诜的《海棠》中有"海棠开后月明前"的诗句。

3. rhodora 与杜鹃

英语中的 rhodora 代表的是"美丽"，有这样的一首诗。

Rhodora！If the sages ask they why

This charm is wasted on the earth and sky

Tell them, dear, that if eyes were made for seeing

　　　The beauty is its own excuse for being[①].

在汉语中，杜鹃不仅指的是杜鹃花，还指杜鹃鸟。传说杜鹃花是由杜鹃鸟啼血演变而来的。杜鹃花有"花中西施"的称呼，并被后人传诵。唐代诗人白

---

① 刘昕蓉. 每天读点英文精彩晨读佳作全集：精华版 [M]. 北京：中国宇航出版社，2018.

居易对于杜鹃就非常热衷，他做过很多与杜鹃相关的诗词。

第四节　英汉地域文化对比及翻译

一、英汉方位词文化对比及翻译

（一）东、南、西、北、中

1.英语文化中的东、南、西、北、中

（1）表示空间方位

在英语中"东（east）、南（south）、西（west）、北（north）"都属于绝对空间方位词，也属于相对性的空间方位词，而中（center）只是相对性的空间方位词。一般来讲，north、east、south、和 west 当名词，指的是固定的坐标，所以是绝对空间方位词，而作为形容词的时候依靠外在参照物才能使用，因此有相对性。cent er 没有像"东半球""北极"一样的对应固定坐标，所以只有相对性。换句话来说，center 不能单独使用，因为它依赖参照物才能表示空间概念。这些词的形容词形式为 northern、eastern、southern、western、和 central。

【示例】China is located in the eastern hemisphere.

中国位于东半球。

Australia is in the southern hemi sphere.

澳大利亚就位于南半球。

以上例句中的方位词表示绝对性空间概念。

【示例】Canada lies to the north of the contiguous United States.

加拿大位于美利坚合众国的北部。

Poland lies to the southwest of Belarus.

波兰在白俄罗斯的西南边。

Head east until you arrive at the city center.

往东走，一直到市中心。

以上示例中的方位词表示相对性的空间概念。

在英语当中，说四方的时候有固定的顺序，就是北、东、南、西，顺时针并以北为起点，而与此不同，汉语的很多说法以东为起点。英语的这个现象与西方文化的发展有关系，因为从古希腊到英格兰帝国，西方人主要生活方式是远洋贸易而不是农耕社会。在历史上，西方人以航海去勘探并移民到其他地区，而西方航行方法原来以北极星为方位参照。有了"指南针"以前（西方的"指南针"其实是指北），探险家使用北极星来引导航程。英语的四方先说纬度再说经度，比如"东北（northeast）""西南（southwest）"等等。

（2）引申义

如果探索西方历史，我们就能够发现古希腊人对"东南西北"有独特的观点，但是也跟地理、传统哲学观等概念有关系。比如，由于西方国家位于西半球，西风与东风代表的概念与中国的正好相反。在古希腊神话体系里面，西风神叫作 Zephyrus，是暖和春天还有丰富的象征；北风神是 Boreas，而他是冬天、寒冷的象征，被视为是很凶暴的，容易撒气的神；Notus 就是南风神，古希腊人认为他带来夏天晚期的暴风雨，因此是天灾的象征；最后，Euros 是东风，是秋天的象征，被视为猛烈的老人。由于古希腊神话和其他文化特点影响到了整个西方，英语里面也反映此隐喻义。

在英语里面，西风是希望、前途的象征，是送暖带来春天的良好力量。比如，16 世纪的中期英语出现了一首有名的诗歌，叫作"西风"（作家是匿名的），而这首诗显示了这种隐喻义。

【示例】Westron wynde, when wilt thou blow,

The small raine down can raine,

Cryst, if my love were in my armes,

And l in my bedde again!

西风何时刮过来，

小雨才能下，

天，但愿拥抱着恋人，但愿卧床休息。

在这首诗里，诗人表示对西风的盼望和等待，再来温暖的西风才能使心里恢复踏实状态。这首诗里面的 westron 就是中期英语的 western（西），就是形容词的形式。

而且，因为《圣经》对西方文化有深刻的影响，英语等西方语言受到了《圣经》里面的象征及隐喻义的影响。比方说，在《圣经：创世记》里，伊甸园位于东部，因为东部是日出方向，所以其代表生活的开始。但是，亚当和夏娃犯罪以后，被上帝放逐到再往东边的地方，后来东部成为惩罚、流亡的象征，因此，

east"东"在基督教里面具有好和坏两面性的特点。相反,west"西"代表日落、死亡还有海洋。同时,它也代表自由还有顺从上帝,因为流亡回来得往西走。north"北"具有永远的内涵,因为北极星的位置不动,所以 north"北"也是上帝及权利的象征。最后,south"南"的引申义大部分是贬义的,因为以色列南边的土地被视为危险的荒野。在现代美式英语里,"南"在一个俗语里面出现:to go south(往南走)。简单来说,这个俗语用来描述一个事情或者情况从良好的状态衰落到不良的状态,比如 his health is going south(他的身体健康越来越差)。这个说法只是在美式英语出现,因为它与美国历史有关系。美国内战以前,北方比南方发达得多,经济情况较为强,生活水平也挺高,而南方贫富差距很大,基础设施也比较差。所以,从北往南走成为一种隐喻,用来描述状况逐渐变差。

【示例】It wasn't until Green Stone Ridge that things went south. I lost my footing on a path, fell about 5 feet and sprained my ankle.

我到了绿石岭的时候,局势很快就恶化了。我在路上摔倒了,倒了5个英尺然后扭伤了脚腕子。

Once the bank pulled out, things went south fast.It only took a year for our start-up capital to dry up.

一旦银行退出了资金,状态就快速恶化了。短短的一年之内,我们的启动资金都没有了。

The restaurants took a hit when the economy went south.

经济弱化的时候,餐饮业也吃亏了。

(3) center 引申为权威

英语文化中的 center 其引申意义与民族没有关系。然而,center 还能用来描述政府或者其他中央部门,譬如 central government(中央政府)、central committee(中央委员会)等概念,也能够表示任何与权威机构有关的概念。而且, central 也描述某个现象的焦点或者根本,比如问题的根源、辩论的核心观点等。

【示例】Islam has no central authority , such as the papacy, to issue official decisions.

伊斯兰教没有像教廷一样的中央部门,因此无法发布正式的决定。

The general is head of central command.

将军负责中央司令部的管理方面。

At the center of the debate is the role of the European Central Bank.

欧洲中央银行的任务就是辩论的热点。

2. 汉语文化中的东、南、西、北、中

（1）表示空间方位词

汉语中的这五个词是表示绝对的空间方位词，结合五个方位表示各种坐标方位，如东南、西北、北极、西半球等。方位词的本义单一，也包含相对性，比如美国在墨西哥的北面，在加拿大的南面，这么说就是以某个国家为参照物，用来描述另一个国家的位置，因此显示相对性，与"北极"的"北"或者"东半球"的"东"的绝对性存在着语义上的差异。"中"的基本义比"东、西、南、北"还复杂，因为它属于全然相对性空间方位词。"中"的基本义就是用来描述空间的核心位置，可以与四方、上、下或者两端距离同等的位置一起使用。

汉语文化中的南北，具有丰富的文化内涵。南方是万物生长的地方，都要依靠阳光，因此南面的日照时间也相对背面长，南面的草木比较茂盛，呈现出欣欣向荣的态势，这也就是古人所认为的"南"乃万物长之地。

在中国的房屋建筑上，也能体现出以南为尊的思想，房屋基本都是坐北朝南的都是好方位，古达的很多宫殿和寺庙的建筑也是向南的。

汉语中的北，多有失败之意，古达作战时也是冲锋者面向敌方，败逃者背向敌方。因此就会出现败北、追北等说法。古代的政治中心在北方的比较多，就会出现北上南下的说法，这个语言习惯仍然保留到现在，我们也经常能听到这种说法，也是出于对北方和南方的方位认知概念。

【示例】非洲位于东半球的西南部。

南、北极圈内气温低，因此分别称为南寒带和北寒带。

美国中部和南部十个州一些非常富有的小麦和玉米。

（2）引申意义

①地位尊卑，含有褒贬之意。由于各种地理、文化、习俗等原因，引申意义很丰富。根据中国的传统礼仪概念，不同地位的人的房子或者座位朝什么方向都很重要。皇帝朝南而臣朝北，来宾朝东而房主朝西，老龄者朝东而年轻人朝西。古代宴席时，地位最高的人朝东、朝南次之、朝北再次之、朝西为侍。"东、南、西、北"有隐喻位于某方位或面朝某方向之人的地位尊卑义。现代汉语中，我们仍见"房东""东家""东道主""败北"等词，其中的空间方位词仍然

具有表示尊卑和褒贬之意。

【示例】东乌（古代太阳的称呼）、东君（太阳神）、西宾、西客

②"阴阳""五行""四季"及其他对应物除此之外，表示的四方与中国的五行、阴阳、季节、颜色、身体部位、自然规律等存在对应关系。"东、西、南、北"与阴阳、五行、四季以及衍生的对应物之间形成的对应系统，属于中国的传统哲学范畴。由于中国位于东半球，东风暖和而西风寒冷，与西方正好相反。这种看法造成了许多与东风和西风有关的俗语，比如辛弃疾说的"东风夜放花千树，"还有朱熹说的"等闲识得东风面，万紫千红总是春"等名句。因此，"东"被视为温暖、阳气、太阳、春天的象征，而"西"被视为冬天、寒冷、甚至死亡的象征，因而产生"去西天"等说法。此外，"中"也在"五行"等传统概念里面有其他引申意义和对应物。"中"是土的象征，其对应物包括土星、脾、甜味还有触觉。"东、西、南、北、中"之所以有五官的对应物，是因为阴阳和五行也与中医有关系，这些方面一起构成一个综合性的思想体系。

③权威机构。"中"在基本义上具有"核心位置"的意思，而这种语义也可以用来引申为权威的机构，经常与"央"一起使用，比如中央政府，中央银行，管理中心等等。可见，核心位置在认知上被视为权利、管理、法律等现象的所在。

④文化意义。"中"在中国历史上的不同时代用来表示不同文明。在战国时期，"中"用来代表汉族的中原文明和中原王朝。"中"原是空间概念，天圆地方，中为地理空间的轴线，从而将地理空间区分为对称的两部分。"中"和"国"组合在一起，最早是指位于中原的城邦，但"中国"并不是一个专有名词，也没有特指。在历史的演进中，"中国"一词不再仅仅是一个地理的概念或政治概念，也是一个文化概念，"中"也由最初的空间意义引申为文化的意义，并且具有强烈的民族含义，"中国"在文化层面上即指汉族文化区，而文化的延伸可以超越民族、地理的界限而获得更广泛的认同，所以即便是满洲人建立的清朝，在对外交往中也自称"中国"，而西方人理解的China，也翻译为中国。1912 年"中华民国"建立以后，中国才成为国家的正式简称，成了国家的代名词。此后 1949 年建立的中华人民共和国，也同样简称中国，"中国"也有了明确具体的内涵。自从 1949 年以来，"中"用来代表中华人民共和国，于是出现一系列的简称，比如"中外""中西""中美"等说法。

3. 英汉文化中"东南西北"的翻译方法

（1）直译法

在对英汉方位词"东西南北"进行翻译时，可以采取直译法，按照原文的

信息直接翻译方位词，对等条件下翻译出方位词的准确信息。这时翻译原文的信息是具体的实质性情况，而没有或者很少涉及文化方面的内容。方位词进行直译是因为英汉一些方位词具有的文化内涵在某些情况下是一致的，在这种情况下，翻译时可以采用直译法，既可以充分传达原文意思，又可以帮助读者更加顺利地理解。

在进行英汉直译或者英汉直译时，要保证译文的语言结构合乎逻辑，而不用过多的考虑其他方面的因素。直接翻译方法不仅能减轻翻译工作中带来的压力，还可以为读者提供准确、详实的信息。例如"东北"这一方位词可以直译，翻译为northeast，能够贴切地体现出地理位置，不仅表述清楚，而且逻辑清晰，有助于读者快速把握。

【示例】沧浪亭位于人民路的南端，是苏州最古老的园林之一。

Located on the southern end of Renmin Road, the Canglang Pavilion(Surging waves Pavilion) is one of the oldest gardens in Suzhou.

（2）增译法

这是要求在翻译方位词的过程中，为了丰富译文内容信息，使译文更加清晰、流畅地表达原文作者所要传达的情感，保证译文整体的通顺语言而采取的一种翻译方法。这种翻译方法是根据翻译需要适当地增添语句。例如在翻译中根据需要可以对一些方位词信息增加相关信息，以便读者能够更好地理解原文中的特殊信息，有时候也可以借助用修辞手法增加翻译信息。

（3）重构法

由于英汉语言习惯和文化内涵的不同，在进行英汉方位词翻译中要符合译文的语言环境，汉语习惯是将事情的结果放在事情的原因之后，而英语习惯是先描述事情的结果再阐述事情的原因。所以在进行翻译时需要采用重构法来正确翻译出符合译文的逻辑思维和价值观。

（4）拆分法

由于英汉语言文化不同的词汇、句型结构，在英译汉或汉译英时，原文和译文不能完全对应，要根据各自的语言特点进行相应处理。要将英文翻译成汉语时，可以采取拆分法，拆分英语句式中的立体复合结构，按照汉语的行文方式和汉语的思维方式展开合理的铺排。在对方位词的翻译过程中，也可以针对特殊情况采用拆分法。

（二）"上下"

作为对等的上和下两个词，能够组成一个垂直的空间系统，因此在英汉语言中具有非常丰富的引申意义和文化内涵。

1. 英语文化中的"上下"

①在英语语言中，数量多少的表示方法，即"up""over""above"表示数量较多，"down""below""under"表示数量较少。

【示例】The price of gasoline has been going on for the past ten years.

最近十年以来，汽油的价格一直在上升。

The count of students attending his class is steadily going down.

上他的课的学生人数越来越少。

I can't sell you this car for under 50, 000 dollars.

这辆车，五万美元以下我就不能卖给你。

She had been waiting for over tw o hours.

她等了两个多小时。

The temperature dropped down to below zero last night.

气温昨天晚下降到零下了。

It's above thirty degrees today.

今天的温度在三十度以上。

②英语文化中的上下（above/under/over/up/down）、都有增多或上升的意思，而下则具有相反的意思。这就和人类社会中的权利与地位是成正比的，上（"top""rise""lofty"）都可以指位高权重的人群，而下（"fall""bottom"）则是指位低权低的下层人民或者下级，因此被引申为社会地位。

【示例】upper class 上层阶级

Upscale 高档的

Up grade 升值

Over lord 霸王

Underling 属下

low-down 下流的

down grade 降职

Following the success of last year's project, he has been moving up in the world.

随着他去年项目的成功，他的地位越来越高。

Allocate the task to someone under you.

把这个任务分配给你属下吧。

A general ranks above a colonel.

将军的地位高于上校。

Because of her high position at work, she was able to allocate tasks to those beneath her.

因为她位居高职，能够把任务分配给下属。

Because of her wealthy family, she can easily go up the social ladder.

由于她出身富贵，在社会上很容易向上攀升。

His crimes cased his reputation to go down in flames in the eyes of his coworkers.

他的罪行使得他在同事心目中的地位一落千丈。

③在英语中，人们可用"上下"来表述时间，可以指较长的时间，也可以表示过去的一段时间，还能表示将来的时间；还会出现于一些固定的英语短语中；还有的能够表示"一直到"的意思；也会被经常用于描述较长的时间过程。

【示例】over history 历史上

over the ages 从古到今

on time "按时""及时"

up until yesterday 一直到昨天

He will be busy all the way up until Sunday.

他会一直忙到周日。

over the ages, human architecture has become moe sophisticated.

久而久之，人类的建筑越来越尖端。

We must pass these customs down to the next generation.

我们必须把这些习惯传给下一代。

You must come to class on time.

你得按时来上课。

2. 汉语文化中的"上下"

（1）表示空间

①"上"和"下"在本义上表示主体和客体之间的垂直性空间关系。

【示例】他开始剥花生，把花生壳丢在圆圈形的椅子下面。

在地下水采区，应严格限制审批新增开采的取水申请。

②我们可以看到，无论表示主体和客体之间的接触性关系（餐桌上的油），或者分离性关系（椅子下面的花生壳），都使用"上下"。如果想要表示具体的接触性关系或者分离关系，只能挑选合适的动词或者名词。

【示例】有时候有飞机从屋顶上飞过。

他头上戴着帽子。

③"上"也可以表示非垂直性的空间关系

【示例】墙上有道缝隙。

门上贴着对联。

④除此之外，"上""下"也能够表示包容性的空间关系。

【示例】他班上的学生都到齐了吗。

我是在水下潜游。

介词短语里面的空间方位词和名词之间的空间关系不一定属于垂直性的关系，而更多的是三维空间，因为客体围绕着主体。

（2）引申义

"上""下"主要能够表示四种隐喻性——引申义：数量、时间、地位、状况。这四种概念都以我们在物质世界的体验为基础。

①引申为数量。如果把实物堆在一起，放得越多，就往上堆起来，所以"上"表示数量大，而"下"表示数量小。或者想象，往杯子里倒水，水倒得越多，水面就升高；反之，把水喝掉之后，水面就下降，所以"上"为"多"，"下"为"少"。

【示例】1998 年售出的所有机器中，有 90 以上的机器会有 USB 端口。

外国有价证券投资包括期限在一年以上的国际交易。

来中国的那个夏季，有很多的气温在 40 摄氏度以下。

上边的例子显示空间方位词的双音节合成形式，而不是单音节的单纯空间方位词。但是虽然如此，"以上、以下"的"以"对它引申义没有影响，只是语法和用法的规律而已。除此之外，如果数字之后出现"上下"两个字，就表示约数概念，意味着说话者无从确定准确的数字是多少。这个空间隐喻可以涉及各种数量概念，如：那位老师的年龄在 40 岁上下。

②引申为时间。我们知道从地球上的角度而看，太阳在中午之前好像往上升，而中午之后往下降。或者，我们关注到植物的成长也发现，顶尖部分从地下出来得最早，而底下的部分出来得最晚。这两个自然现象可能是"以上为早"和"以下为晚"的体验基础，这属于人类的日常生活经验。但是反映"上为早、下为晚"的事件并不限于这些。汉语中，表示过去时间的短语经常包括"上"，而包含将来时间的短语经常包括"下"，比如："上古""上周""上次""下个月""下一回"，等等。而且，"下"出现在"一"的后边也能够表示一段较为短的时间，或者放在"几"后面能够描述动作反复做。

【示例】她上周就生病了，到现在还没好。

我们下个学期要组织更多学校活动。

他脾气这么不好，你告诉他下次就不用再来了。

你先等一下。

摇了几下旗子。

③引申为整体。在一些情况下，"上下"放在一起使用可以表示某一个组织、机构或者其他团体的整体或者组成部分。这样使用时，"上下"类似于"都"或者"其中"的意思。

【示例】全国上下一片欢腾。

全班上下只有一个女生。

④引申为社会地位。"上、下"表示地位，上为地位高，下为地位低。这个方面汉语与英语和其他语言很像，也许是因为社会等级在认知上具有垂直形式。因此，汉语里面出现"皇上、上司、长上、下属、下首、下人"等借用垂直空间方位词表示地位的词语。除此之外，"上、下"表示如此的引申义的时候也可以作为动词。

【示例】上得厅堂，下得厨房。

如何"安全"的挑战上司的地位与权威？

如果下属清楚自己的地位的话，还要顶撞你，可能是你自身的问题。

在餐宴上，坐北朝南为尊，叫作上首。与之相对应的是下首。

上为地位高，下为地位低，其体验基础有很多。比如古代的皇帝坐在位置高的宝座上，比赛的胜利者得奖时站在最高的位置，而排名越靠后，所占的位置也越来越低。再往前追溯，人类学证明，原始社会（学会农耕之前）以人的实力来划分社会阶层和地位，而个子高经常意味着实力强。

⑤引申为状态。"上"表示可取状态,"下"表示不可取状况,比如"上升、上乘、上游、上风、下流、下风、下凡"等等。

【示例】最近十年安卓手机和苹果手机的竞争给了大部分人苹果占上风的观感。

物价压力在上升。

他暂时处于下风。

这种隐喻性与人的健康与姿势有关系。人生病或者垂死的时候躺在床上,或者去世之后被人放在坟墓里面,也是躺着的姿势,而人健康的时候姿势竖着。又如人的心理状态,人自信或者乐观的时候其姿态往往挺胸昂头,获胜的时候举起胳膊(研究者指出,盲人也会出现此姿势,即使没见过别人那样做);而人感到压抑或者悲伤的时候姿态往往弯腰驼背、垂头含胸。

⑥引申为所有的组成部分。"上下"两个字放在一起使用的时候,也可以引申为某个组织、机构或者团体的所有的人,或者指的某个现象所有的组成部分。

【示例】全军上下都在思考。

这样,才能使上下一条心为企业拼搏。

办公楼上下四层。

(三) 英汉方位词文化隐喻义的对比及翻译

1. 汉语方位词文化隐喻义

(1) 时空哲学观

中国人的时空哲学观念产生久远而且思想深厚。以"宇宙"一词为例,上下四方曰宇,往来古今曰宙,宇宙的概念就是"空间和时间的总和";又以阴阳而论,时间为阴,空间为阳。时空并论是中国文化的一个显著特点。

汉语里面的"上为过去"和"下为将来"的时空隐喻体系的来源有几个可能性。最简单的是,根据太阳在天空中的弧形移动,我们发现太阳在中午之前往上动,中午之后往下来,因此有"上为早"和"下为晚"的隐喻概念(说得更准确,移动的是地球而不是太阳)。还有学者认为,"上为早,下为晚"跟河流有关。河川从海拔高的位置往海拔低的位置流下来,因此,可以说已经流到低位置的水原来就在高位置。前面提到,汉语的垂直时空认知隐喻以"上为早,下为晚",也通过"时间在动"的隐喻去表示时间概念,将时间比喻为河流。使用江河流水去比喻时间的汉语俗语包括"江河日下""日月经天,江河行地""三十年河东，三十年河西"等等。英语和其他语言也经常使用河流的隐喻去表示与时间有关的概念。

"上为过去"和"下为将来"的时空隐喻体系很有可能来源于中国社会的传统特征，即中国的崇古思想。中国社会从古到今都强调教育，而传统教育的基础是老子、孔子、庄子、孟子等先贤的哲学观。结果，很多中国人面对新的情况的时候，经常会借鉴先贤的智慧。这样的看法产生一种崇拜古人的意识，因此他们的地位在后人的眼里很高，站在知识的峰顶上，而后人把自己视为普通的凡人，地位比先贤肯定低。但是古人也有此习惯，比如孔子认为理想政治的模范以先于他的周公为主。赵雅蓓指出，在中国文化里面，过去被视为最理想的时代，是中国文明的巅峰，是后世需要膜拜的对象。这种崇古思想也属于传统社会的一种礼仪。祭祖是中国的古老习惯，而进行祭祖时，需要把供奉放在位置高的祭坛上面。因此，"上"与过去的祖先有关，与过去的一切概念有关，而"下"意味着将来的事情。

还有人指出，中国的时空观与农业社会的现象有关。中国人在几千年的传统历史中都依赖农耕来生存，因此，语言现象和思想在某个程度上离不开农耕意识。"上为早或者过去"和"下为晚或者将来"就很可能与粮食的生长有关，因为种子在土地下出苗之后，最早萌动出来的部分是苗头的尖顶，而将来慢慢出现的植物根茎隐藏在地下，汉语的时空哲学观无疑植根于中国悠久历史中各种习惯与生活经验之中。

（2）地理因素

地理对文化和习俗具有深刻影响，也同样对人的思想有影响。农业社会的人、游牧社会的人、贸易社会的人的不同谋生方式都带来不同的生存要求和挑战，从而塑造不同的思想体系。在很大程度上，谋生方式取决于本土地理因素。汉族文明像印度、埃及等古老文明一样以江河为社会来源，因为有了江河才有淡水养殖和农业的可能性，而有了农业技巧才能有既稳定又可储存的粮食供应。这样一来就能够供养数量较大的人口，从而能进行大型的合作。中国的地理版图宽大，资源丰富，而中国人在历史上以黄河为"母亲河"。中国最古老的权威部族都位于黄河附近，大禹治水的故事更说明了早期权力与水和农耕文明的关系。足见，江河对汉族文化影响的重要性。

中国地理的一个很明显的特点就是，西部海拔很高而东部海拔比较低，所以中国的江河从西往东流。这个现象也许是造成汉语特殊空间为时间隐喻的灵感来源。因为"上为早"和"下为晚"可以用来描述此地理影响的特点。起源于西部的黄河水在高处开始往东流动，所以说上游的水为"早"，而后来它流到东部较低的位置才入海，所以说下游的水为"晚"。

中国的地理位置也对人们关于空间的感知以及空间隐喻产生深刻的影响。由于中国的纬度及经度，位于北半球和东半球，其北部相当冷而南部较为热，所以"北为冬""南为夏"并不是任意关系。而且，春天就是暖和天气的到来，而中国的东部就是日出方向，也是暖风的来源。中国的西部正好相反，是日落方向和寒风的来源，所以跟秋天有关。正因为如此，东方有阳气、温暖、青春的内涵，而西方则有阴气、寒冷、死亡的内涵。汉语里面常有俗语反映对"东"的偏好及对"西"的相反感觉，比如"万事俱备，只欠东风""东风化雨""东风入律""西风残照"等。足见，人离不开自己所生活的环境影响，因为我们的经验都有其所在，而经验积累在我们认知能力中也带来这些空间概念的隐喻意义。

（3）历史因素

汉语的"东西南北"空间方位词的引申意义也与中国的历史有关。在中国几千年的历史其中，大部分的时间中国人的生活方式以农耕为主。科技发展之前，农业活动是否成功在很大程度上依靠天气、季节、雨量等自然条件。因此，中国人在历史上非常注意四季的变化，为了划分农耕阶段而创造了农历。在如此的社会当中，自然现象与人的生存有亲密的关系，而汉语语言习惯也反映这点。在四方"东西南北"中，"东"和"西"作为表示方向的主轴很可能与太阳在空中的移动有关。在历史上，中国人的生存主要依靠耕种农作物，而农作物的成长依靠丰富的阳光。因此，日出方向（东）被视为太阳的来源，因而被视为人的生存的来源，所以"东"在中国传统历史当中是比较特殊的方位词，中国人说四方时是以"东"为起点，依次为"东、南、西、北"。

（4）政治因素

中国的传统社会以家庭为单位，传统价值观强调的是整个社会的集体和谐。中国社会在几千年的历史当中有皇帝以及封建社会结构的形式。根据古代思想，皇帝得到天意才能成为皇帝，而体现端正的政治指导才能保持皇帝的权力。因此，在中国古代思想里面，政治具有明显的垂直结构；人民必须顺从皇帝，而皇帝必须顺从天意。此政治概念非常古老，墨子在战国时期的代表作品《墨子》当中就说："无从下之政上。必从上之政下。"政治权利的来源很明显，就是上天给天子（皇帝）的，然后天子以权利去匡正时弊，去统治庶人（人民）。当"上、下"具有"空间为社会地位"的隐喻意义的时候，就造成一系列的语言现象。

最基本的就是"上为地位高""下为地位低"的隐喻，比如"皇上""上级""上流""上首""属下""下流""下贱"等等。这些都跟中国的政治文化有关。

2. 英语方位词文化隐喻义

与汉语不同，英语的发展历史很复杂，因为其受到了不同国家语言习惯的影响，出现于不同地区，被各种各样的人使用。英语本来是纯粹的日耳曼语言，具有屈折语特点，后来它的语法受到了古挪威语的影响而被简单化，然后其词汇受到了诺曼法语的影响而被扩大了。我们如果想追溯英语空间方位词的认知隐喻的来源，必须从盎格鲁－撒克逊（Anglo-Saxon）社会入手。盎格鲁－撒克逊（Anglo-Saxon）人本来来自丹麦附近的欧洲大陆，后来移民到不列颠群岛。这些人是最早使用英语的人群，所持的英语叫作"古英语"。

（1）时空哲学观

母语为英语的人通过语言来继承盎格鲁－撒克逊（Anglo-Saxon）人的"时空观"以及其文化特点，而基督教的影响极为重要。

古罗马帝国（西部）覆亡了以后，大多数罗马人离开了不列颠群岛，而盎格鲁－撒克逊（Anglo-Saxon）人取代了他们。盎格鲁－撒克逊（Anglo-Saxon）人皈依基督教以后的价值观和文化都受到了基督教的深刻影响。盎格鲁－撒克逊（Anglo-Saxon）人在公元500年以后留下的大部分文献都是教义性的文献，其他的主题相当罕见。当时，基督教与教育、法律、习俗等方面都有密切关系，无法与日常生活区分开来。大多数文献之所以与基督教有关，是因为受到过教育的人才能成为作家，而学习基督教的学说才算完成教育。当然，那时候识字的人口只占整个人口的很小部分，而这些作家大部分是隐修士、院牧等基督教教徒。简单来说，该社会中的教育与宗教密不可分。

盎格鲁－撒克逊（Anglo-Saxon）最有代表性的作品出现于公元十世纪，因为当时在英格兰是本笃会改革的高峰期。本笃会改革强调基督教教徒反省自己如何遵循教规而对自己的行为更加严格。当时的盎格鲁－撒克逊（Anglo-Saxon）人认为他们之所以遭遇经济不景气、维京人的袭击等不良事件，就是因为自己向来的行为不端，所以此改革是纠正行为的方案。为了普及本笃会改革的基本原则，许多院牧开始大型的讲道，而此布道里面的内容被记载并翻译成现代英语的。从这些文献入手就能给我们提供英语语言习惯及语言现象最初的依据。利斯（Lees）在1999年作品里面解释这些十世纪出现的布道，并分析它们的文化背景、历史背景等因素。

关于时间，盎格鲁－撒克逊（Anglo-Saxon）人继承了基督教的时间观。

简单来说，基督教的时间观可分为三个部分：①过去，就是亚当和夏娃被诱惑而造成罪孽行为，从而给人类传下来原罪；②目前，就是理解过去并同时准备去世以后被上帝审判；③未来，就是剩余生活的时间和去世以后的判断。按照本笃会改革的原则，人是为了准备通过审判并到达天堂而对自己的行为更加严格。换句话来说，人必须承认未来无法避免的审判才能在目前做好人。所以，有了这种文化背景，人们习惯面对未来，一直都认为未来是最重要的，一生都得准备好面对未来。

当然，盎格鲁-撒克逊（Anglo-Saxon）人在思想里也有朝向过去的方向。人们之所以要认真地遵守教规是因为亚当和夏娃的原罪玷污了自己的灵魂，作为虔诚的教徒才会有去天堂的机会。可见，当时的盎格鲁-撒克逊（Anglo-Saxon）人受到了过去和未来的两种压力。然而，与中国的传统社会不同，过去属于人类行为和发展最落后的时期，而要是自己保持虔诚的行为，未来则属于完美的天堂。结果，古英语一直到现代英语都出现"面临未来的取向"的现象。下面的例子是十世纪的本笃会修士，伍尔夫斯坦的布道节录。

【示例】All of us have need eagerly to labor that we may obtain God's mercy and his compassion and that we may through his help with stand our enemies.

我们所有的人一定要努力前进，以获得上帝的善心和仁爱，从而抵挡我们的敌人。

这句话显示盎格鲁-撒克逊（Anglo-Saxon）人使用的基督教的时空观，就是为了达到未来的天堂而勇敢地面对现在并努力纠正过去的错误。十世纪的英格兰院牧艾尔佛里克在他的"天主教布道"作品也明显地使用了此时空观取向。

【示例】There is one beginning of all things; that is Almighty God. He is origin and end: he is origin, because he ever was; he is end without any end, because he is never ended.

万物都来自同一个伊始，就是全能的上帝。他是根源和终结：他是根源，因为他历来都存在：他是没有终结的终结，因为他没有终止。

可见，这种时空观具有面临未来的取向，而此特点从盎格鲁-撒克逊（Anglo-Saxon）文明一直到今天都可以在英语里面找出来。在他们的眼里，人的灵魂起源于上帝，也去世后归还到上帝，所以生命的价值和目的就在于因准备与上帝重聚而培养自己的素质和道德规范。这种宗教意识就影响了英语里的空间为时间隐喻：英语表示未来就借用"前"的对应空间词 front/before/ahead，说明人朝的方向就是未来，是一种做好准备而面对将来的体现。

利斯强调，十世纪是盎格鲁－撒克逊（Anglo-Saxon）文明的鼎盛时期，因此，出现于该时代的作品属于最有代表性的作品。在十世纪，所有的盎格鲁－撒克逊（Anglo-Saxon）人统一了，而当时的英语经过了某个程度的规范化。此外，这个时候的文献不只是布道而已，在语言方面上也具有艺术性和修辞性。所以，我们分析这个时候的文献就等于分析古英语里最典型的语言现象。十一世纪以后，诺曼人占领了英格兰，所以后来的英格兰文明受到了诺曼影响，而后来的英语受到了诺曼法语的深刻影响，成为"中期英语"。中期英语与古英语相比，语法被简单化而词汇扩大了。但虽然如此，英语里的时空观没有变，而现代英语仍然出现同样的面临未来的取向，比如 the road ahead、the time ahead 等说法。

（2）地理因素

任何语言的背后都带有地域文化或者说地理文明的特点。人毕竟离不开自然界，环境影响人的习惯和文化。比方说，古希腊经常被视为西方文化的摇篮，是今天不少西欧国家文明的来源，但是有共同文化起源的地区到今天如何则出现各种各样的不同之处，其中的很大的因素就是因地理不同而习惯不同。半岛国家、内陆国家、岛国之间的不同地理特点造成许多习惯上的区别，包括饮食习惯、工作习惯、交通习惯还有语言习惯。然而，古希腊的影响在今天的英语里面的某些引申义中还能看到。

英语的四方名称的引申义来源于古希腊，不只是因为英语受到了古希腊文化的影响，也是因为整个西欧和北美洲都位于西半球和北半球，所以其气候在某个程度上很相似。从西方的角度去看，暖风属于西风，而寒风属于东风，跟中国完全相反。地理因素影响气候，而这两个方面同样影响人的文化和语言习惯。因此，地理因素不同的国家也会出现文化和语言的差异。

最早说英语的人是盎格鲁－撒克逊（Anglo-Saxon）人，他们原来的居住地就是今天丹麦北部。公元 500 年，盎格鲁－撒克逊（Anglo-Saxon）人移民到了不列颠诸岛。一千多年之后，盎格鲁－撒克逊（Anglo-Saxon）人受到了罗马文化、法国文化还有本地赛尔特文化的影响而变成英国人。他们为了占领更多版图而又往西边移民，结果到了北美洲的东北部。与中国从北到南的发展方向不同，盎格鲁－撒克逊（Anglo-Saxon）人和英国人主要是往东到西的发展轨迹。也许由于这个历史上的现象，汉语表示从古到今的时间概念更多借用垂直性的说法，而英语更多使用水平性的说法。英语虽然也存在垂直性的时空概念，但是它比水平性隐喻用得少，也并没有汉语的那么完整的系统性。

此外，英国自古是海岛文化，因缺乏自然资源而依靠从事海运、商业、航海等活动来生存。英国就是一个岛国，而它版图上的任何地方离海岸不超过120公里。因此，英国文化在历史上一直跟海洋有密切关系，包括谋生方式、经济与贸易、艺术品等方面。由于他们的经济和谋生方式以海上贸易为主，英语也出现与航海有关的语言现象。再往前看，古希腊文化与此也有许多相同之处，也是地理崎岖的海岛文化。古希腊文化被视为西方文化的摇篮，而古希腊人由于版图不足种地等地理因素就一直都从事海运贸易生活方式。英格兰在历史上派商船去别的国家建立贸易关系，也派海军去别的地区建立殖民地，尤其是从第十六世纪开始的大英帝国。印度、美洲、非洲等地区具有丰富的天然资源和人力资源，所以大英帝国最终的目的是占领这些地区并把其资源放在他们的控制范围之下。这种长久的贸易方式以航海为主。西方人很久以前的航海方法依赖北极星，因为北极星在天空的位置离北极比较近，从站在地球上的人的角度而看，其位置从早到晚几乎没有变化，从而有利于航海。因此，这个历史上的航海习惯造成航行时以"四方"中的"南北"方向为主，也就是首先明确纬度，其次明确经度。所以，英语和许多西方语言都反映此空间概念。

关于四方，英语以 north "北"为主轴，而汉语不同。中国的航海者以南方算坐标，因而他们发明的航海工具叫作"指南针"，而西方人原来以北极星算坐标，后来按照北极的磁场，所以西方的指南针具有以北为上，以南为下的方向。"四方"的顺序以"北"为起点，依次为"北东南西"。

（3）历史因素

盎格鲁－撒克逊（Anglo-Saxon）社会的风俗也对方位词隐喻产生了影响。有的作品通过第十世纪出现的盎格鲁－撒克逊（Anglo-Saxon）文献的分析来展示当时的社会结构如何。他们的研究显示，大多数文献内容分为两个主题：国王和贵族祖系，还有宗教内容，尤其是基督教的布道。文献由贵族和教堂保管，当时的大部分人民不识字。这两个主题都强调社会阶层和人们的不同地位。盎格鲁－撒克逊（Anglo-Saxon）国王不仅仅是权利和法律的来源，他可谓是整个国家版图的拥有者。实际上，当时的封建社会结构分为贵族、神职人员、农民和工匠，其中是国王和贵族控制大部分的领土。研究显示，跟国王或者贵族有关的文献中，房产证、地契、田契等遗产占最大比利。显然，国王和贵族比普通人更有优势不只是因为有权利，也是因为有物质方面上的优势，而这种社会阶层现象也影响了空间方位词汇的隐喻性。比方说，英语里对国王的称呼其中有 highness，词根为 high（高、上），而这种称呼是下属的人在国王面前使用的，不仅表示尊重，同时也承认国王的社会地位最高，位于其他人地位的"上面"。虽然 high（高）与 up/on/over/above 不完全一样，但是其内涵与"up 为地位高"有关，可以说属于同一个隐喻体系。同样，英语里的"下属"叫作 underling，词根为 under（下），也是强调社会地位的名称。倘若当时的盎格鲁－撒克逊（Anglo-Saxon）社会不包括封建风俗的话，就不会有这种"空间为社会地位"的认知隐喻。

英语的发展历史很独特，因为它在历史上随着不同民族的移民习惯被传到世界上的不同地方。虽然英语在英国被使用的时间最长，可是美国在 1776 年建立后，有另一批人开始使用英语，当然出现了自己的特点。今天，我们可以将英语分成英式英语、美式英语、新西兰英语等等，而这些方言之间大部分的区别是发音的差异，但是仍有某些语义上和用法上的区别。这些语义上的特点来源于美国的特殊发展历史：美国独立了以前已经有了许多欧洲移民去了美国东北居住，因为大部分来自英格兰，所以东北地区被叫作 New England（"新英格兰"）。欧洲移民先在 16 世纪开始跨越大西洋，为了保障自己的宗教自由而离开欧洲并寻找别的居住地。虽然一开始的时候许多人住在东北，可是到 1776 年的时候，美国东海岸的大部分地区已经有城市。18 世纪和 19 世纪期间，美国人往西发展，侵略本地印第安人的领土而建立自己的州。总体来看，美国的文明首先在东北地区建立，然后往南发展。所以，在美国初期的时候，北部比南部发达得多，更繁华、经济更强、科技更先进，等等。这种发展历史与英国的不同，所以美式英语里面存在着一些英式英语里没有的语义，比如 south 可以表示贬义。

【示例】On the bank pulled ait, things went south fast. It only took a year for our start-up capital to dy up.

一旦银行退出了资金，状况就快速恶化了。短短的一年之内，我们的启动资金都没有了。

这种语义是美式英语创造的，是伴随美国历史发展而来的。

再说，现代英语也受到了西方不同国家的影响，包括别的国家在历史上出现的现象以及其字面的表达方式被英语接过来的。比方说，left 引申为开放的政治派别，right 引申为保守的政治派别其实最早在法语里面出现的。原来，"左、右"的政治派别内涵来自法国大革命（1789 年至 1799 年）。当时，法国议会里的议员座位位置与自己的政治思想有关：坐在大厅左手边的人支持革命而反对君主制，而坐在右手边的议员反对革命而支持传统的帝制机构。后来，这种空间隐喻由许多不同的语言开始使用，包括英语。

（4）宗教因素

英语在发展的历史过程中收到盎格鲁－撒克逊（Anglo-Saxon）人的影响，而盎格鲁－撒克逊（Anglo-Saxon）社会信奉基督教。盎格鲁－撒克逊（Anglo-Saxon）人的作品在第五世纪开始出现，而他们在第八世纪才皈依基督教，所以他们在这三百年期间的文化记载以传说为主。可是，我们难以分析第八世纪以前的盎格鲁－撒克逊（Anglo-Saxon）社会，因为他们皈依基督教以前社会未实现统一，语言还没有规范化，人们还没有统一的文化身份。所以说，基督教在很大程度上塑造了盎格鲁－撒克逊（Anglo-Saxon）人的文化特点，就是因为它是统一盎格鲁－撒克逊（Anglo-Saxon）部落的动力。

按照基督教，天堂位于尘世上边，而地狱位于尘世之下。教徒致力于体会教规并准备经受去世以后的审判，所以一直将达到上边的天堂视为生活目的。这就是英语的"上为未来"空间隐喻的来源。与此有关，英语的"下"也跟恶贯满盈的人的未来有关，同时和卑下行为、罪恶等贬义概念有关。英语里的词语搭配显示这种隐喻。

【示例】He sark down to sin.

他已习惯堕落。

No crime was beneath him.

没有人比他更下流。

二、英汉"东风""西风"文化对比及翻译

（一）英汉东风文化比较及翻译

1. 英汉东风文化对比

在英语中"east wind"不是一个令人欣喜的词汇，总是能让人联想到冬季的英国，来自北欧的东风与东北风给人带来的刺骨寒冷，这源于英国独特的地理位置。

而在汉语中的东风却具有非常丰富的文化内涵：严冬过后的春天由于东风的到来万物复苏，例如"东风报春"，还有朱自清先生的《春》里面的春天的脚步；东风还预示着温暖、生机与革命力量。这些源于东临太平洋和西靠高山的大陆

性气候，我国东面大海吹来的东风带给我们一片生机勃勃的温暖氛围。在革命战争年代东风还会暗指革命力量，"东风压倒西风"的论断就暗示了中国革命的胜利。

2. 英汉东风文化翻译

（1）直译法

东风文化在被翻译时，可以采取直接翻译的方法，这样可以更加直观和形象地让读者感受到原文的意思。随着跨文化交流的不断深入，东风（east wind）的英汉语言文化被更多的读者了解，这样在进行文化交流中就可以直接翻译出来，给读者带来正确的意思理解，还能更好地体现原文的写作风格。

（2）意译法

由于东风（east wind）在英汉文化中不同的内涵，在进行翻译中的表达方式也会具有特殊的含义，而不是表达东风的本来意思。翻译中要准确把握原文作者的写作意图，联系上下文的语言环境，做出准确的翻译。这样才能使翻译过来的语言更好地表达原文的深刻内涵。例如将"东风"译为 the spring breeze，可以更好更真实地展现将文化内涵。

（二）英汉西风文化比较及翻译

1. 英汉西风文化对比

由于英国独特的地理位置，人们非常偏爱西风，英国的春天和夏天是最让陶醉的季节，来自大西洋的西风能够给土地带来充沛的雨水，同时也能带来勃勃生机。这是欧洲最舒适、最温暖、最湿润的季节。对西风的赞美之情在很多英语诗歌中都可以体会到。

【示例】O, wind, If winter comes, can spring be far behind ?

啊，西风，冬天已经来临，春天还会远吗？

诗人除了表达对西风的喜爱之外，还传达出诗人对未来的憧憬与坚定的信念。

从整体上来看，中国西部地区大多是高山或高原地貌。当进入秋冬季节时，万物凋零，草枯叶败。从西北方吹来的寒风不禁让人徒增伤感。所以，"西风"在汉语中常用来表达负面含义。此外，汉语中的"西风"还象征着日趋没落的腐朽势力。

另外，约翰·弥尔顿（John Milton）的诗句 And west winds with musky wing（带着芬芳翅膀的西风）也是非常著名的。在西方文化里，"西风"是美好、吉祥的。而在我国，受大陆性气候和地形西高东低的影响，西部高山，东临大海，东风出来，舒畅愉悦。因此，"东风"在汉语中便指代春风、生命的力量、吉祥美好的气势及征兆等，如"万事俱备，只欠东风""借东风"等。在我国西南边陲的大理白族自治州，白族民居的照壁上大都写着"紫气东来"。而"西风"却正好相反。宋代晏殊《蝶恋花》有："昨夜西风凋碧树，独上高楼，望尽天涯路。"元代马致远《天净沙·秋思》有："古道西风瘦马，夕阳西下，断肠人在天涯。"呈现出一幅幅冷清凄凉的画面。

2. 英汉西风文化翻译

（1）直译法

对于西风的翻译，不管是在英语文化中还是在汉语文化中，直译法能够直观地呈现出原文中的风景和含义，读者在翻看译文的过程中，也能直接、快速地体会原文中包含的信息。

【示例】It's warm wind, the west wind;

Full of birds, cries

I never hear the west wind but

Tears are in my eyes

······

那是一种温暖的风，西风吹时，万鸟争鸣；

一听西风起，我眼眶中泪盈盈，

······

上述示例中采取直译法，使译入语读者充分感受到了诗人对故乡的思念之情。

（2）意译法

当原文具有深厚的文化内涵时，采取意译法不仅能够带领译入语读者更好地领略原文的意境，还可将其深层含义传译出来。

【示例】Time azure sister of the spring shall blow

Her clarion o'er the dreaming earth

但一朝，你那东风妹妹回来，为沉睡的大地吹响银号。

在以上的翻译例句中，汉语读者可以很清晰地理解上述英语语句中的"东风妹妹"，这样的翻译也与汉语思维和汉语表达相一致，另一方面也能很好地呼应出题。

参考文献

[1] 陈东成. 文化差异与翻译 [M]. 长沙：中南大学出版社，2000.

[2] 白靖宇. 文化与翻译 [M]. 北京：中国社会科学出版社，2000.

[3] 贾德江. 英汉语对比研究与翻译 [M]. 长沙：国防科技大学出版社，2002.

[4] 何俊芳. 语言人类学教程 [M]. 北京：中央民族大学出版社，2005.

[5] 张庆宗. 语言·文化与翻译 [M]. 武汉：湖北教育出版社，2007.

[6] 王秉钦. 对比语义学与翻译 [M]. 天津：南开大学出版社 2008.

[7] 闫传海，张梅娟. 英汉词汇文化对比研究 [M]. 西安：西安交通大学出版社，2008.

[8] 洁瀚主. 最易掌握的学英语规律 338 条 [M]. 上海：上海科学普及出版社，2008.

[9] 李明，卢红梅. 语言与翻译 [M]. 武汉：武汉大学出版社，2010.

[10] 张文英，戴卫平. 词汇·翻译·文化 [M]. 长春：吉林大学出版社，2011.

[11] 熊兵. 英汉对比与翻译导论 [M]. 武汉：华中师范大学出版社，2012.

[12] 邵志洪. 汉英对比翻译导论 [M]. 上海：华东理工大学出版社，2013.

[13] 李建军，盛卓立. 英汉语言对比与翻译 [M]. 武汉：武汉大学出版社，2014.

[14] 胡庚申. 翻译与跨文化交流互动与共生 [M]. 上海：上海外语教育出版社，2015.

[15] 崔姗，韩雪. 英语文化与翻译研究 [M]. 北京：新华出版社，2015.

[16] 刘燕. 英汉词汇文化对比研究 [M]. 成都：西南交通大学出版社，2015.

[17] 陈映戎. 英汉植物隐喻的跨文化理解研究 [M]. 北京：中国社会科学出版社，2015.

[18] 罗常培. 语言与文化 [M]. 北京：北京出版社，2016.

[19] 张慧宇. 翻译对比及跨文化启示 [M]. 中译出版社，2016.

[20] 吴得禄. 英汉语言对比及翻译研究 [M]. 成都：电子科技大学出版社，2016.

[21] 戴玉霞. 苏轼诗词英译对比研究：基于和合翻译理论的视角 [M]. 西安：西安电子科技大学出版社，2016.

[22] 张林影，娄琦. 新编英汉笔译教程 [M]. 北京：清华大学出版社，2016.

[23] 吴坤. 英汉对比与译作赏析 [M]. 银川：宁夏人民出版社，2016.

[24] 安玉青，李丽辉，徐梅玲. 语言学与英语翻译研究 [M]. 北京：光明日报出版社，2016.

[25] 苏立昌. 英汉概念隐喻比较与外语教学 [M]. 天津：南开大学出版社，2016.

[26] 龙毛忠，贾爱兵，颜静兰. 中国文化概览：英汉对照 [M]. 上海：华东理工大学出版社，2016.

[27] 吴海英. 英汉数字隐喻的文化认知 [M]. 广州：世界图书出版广东有限公司，2016.

[28] 孙俊芳. 英汉词汇对比与翻译 [M]. 北京：知识产权出版社，2016

[29] 刘桂杰. 英汉文化比较及翻译探究 [M]. 北京：中国水利水电出版社，2016

[30] 郑野. 英汉文化对比与互译 [M]. 北京：中国水利水电出版社，2016.